QINHEFENGYUN　　　　FANHUALUOJIN

沁河风韵系列丛书　　　　主编|行　龙

繁华落尽

十二世纪以来沁河流域的大姓望族

张俊峰|著

山西出版传媒集团　　山西人民出版社

图书在版编目（CIP）数据

繁华落尽：十二世纪以来沁河流域的大姓望族 / 张
俊峰著. —太原：山西人民出版社，2016.6
（沁河风韵系列丛书 / 行龙主编）
ISBN 978-7-203-09586-6

Ⅰ.①繁…　Ⅱ.①张…　Ⅲ.①家族–研究–山西省
Ⅳ.①K820.9

中国版本图书馆CIP数据核字（2016）第101267号

繁华落尽：十二世纪以来沁河流域的大姓望族

丛书主编：	行　龙
著　　者：	张俊峰
责任编辑：	王新斐
装帧设计：	子墨书坊

出 版 者：	山西出版传媒集团·山西人民出版社
地　　址：	太原市建设南路21号
邮　　编：	030012
发行营销：	0351-4922220　4955996　4956039　4922127（传真）
天猫官网：	http://sxrmcbs.tmall.com　电话：0351-4922159
E-mail：	sxskcb@163.com　发行部
	sxskcb@126.com　总编室
网　　址：	www.sxskcb.com

经 销 者：	山西出版传媒集团·山西人民出版社
承 印 者：	山西臣功印刷包装有限公司

开　　本：	720mm×1010mm　　1/16
印　　张：	11.75
字　　数：	200 千字
印　　数：	1–1600 册
版　　次：	2016 年 6 月　第 1 版
印　　次：	2016 年 6 月　第 1 次印刷
书　　号：	ISBN 978-7-203-09586-6
定　　价：	90.00元

风韵是那前代流传至今的风尚和韵致。

沁河是山西的一条母亲河。

沁河流域有其特有的风尚和韵致，

那悠久而深厚的历史文化传统至今依然风韵犹存。

这里是中华传统文明的孵化地，

这里是草原文化与中原文化交流的过渡带，

这里有闻名于世的北方城堡，

这里有相当丰厚的煤铁资源，

这里有山水环绕的地理环境，

这里更有那独特而深厚的历史文化风貌。

由此，我们组成"沁河风韵"学术工作坊，

由此，我们从校园和图书馆走向田野与社会，

走向风光无限、风韵犹存的沁河流域。

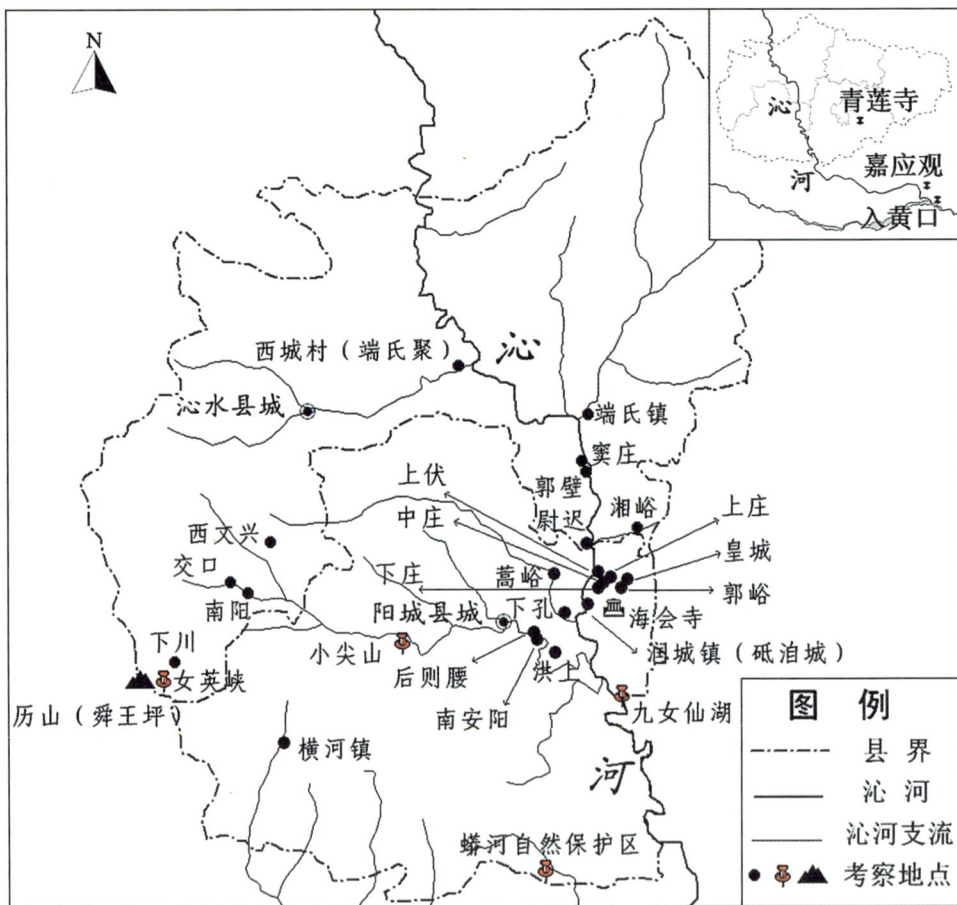

N

青莲寺
嘉应观
入黄口

西城村（端氏聚）

沁

沁水县城

端氏镇

窦庄
上伏
郭壁
尉迟
湘峪
上庄
皇城

西文兴
交口
南阳

中庄

下庄
蒿峪
郭峪

下川
女英峡

阳城县城
下孔
海会寺
泗城镇（砥洎城）

小尖山
后则腰
洪上

历山（舜王坪）

南安阳
九女仙湖

横河镇

河

蟒河自然保护区

图 例

─·─·─	县 界
─────	沁 河
─────	沁河支流
● 🛡 ▲	考察地点

"沁河风韵学术工作坊"集体考察地点一览图（山西大学中国社会史研究中心　李嘎绘制）

三晋文化传承与保护协同创新中心

沁河風韵 学术工作坊

一个多学科融合的平台
一个众教授聚首的场域

第一场

鸣锣开张:

走向沁河流域

主讲人:行龙

中国社会史研究中心 教授

时间:2014年6月20日晚7:30
地点:山西大学中国社会史研究中心(秦如楼)

"沁河风韵学术工作坊"海报

田野考察

会议讨论

总　序

行　龙

　　"沁河风韵"系列丛书就要付梓了。我作为这套丛书的作者之一，同时作为这个团队的一分子，乐意受诸位作者之托写下一点感想，权且充序，既就教于作者诸位，也就教于读者大众。

　　"沁河风韵"是一套31本的系列丛书，又是一个学术团队的集体成果。31本著作，一律聚焦沁河流域，涉及历史、文化、政治、经济、生态、旅游、城镇、教育、灾害、民俗、考古、方言、艺术、体育等多方面，林林总总，蔚为大观。可以说，这是迄今有关沁河流域学术研究最具规模的成果展现，也是一次集中多学科专家学者比肩而事、"协同创新"的具体实践。

　　说到"协同创新"，是要费一点笔墨的。带有学究式的"协同创新"概念大意是这样：协同创新是创新资源和要素的有效汇聚，通过突破创新主体间的壁垒，充分释放彼此间人才、信息、技术等创新活力而实现深度合作。用我的话来说，就是大家集中精力干一件事情。教育部2011年《高等学校创新能力提升计划》（简称"2011计划"）提出，要探索适应于不同需求的协同创新模式，营造有利于协同创新的环境和氛围。具体做法上又提出"四个面向"：面向科学前沿、面向文化传承、面向行业产业、面向区域发展。

　　在这样一个背景之下，2014年春天，山西大学成立了"八大协同创新中心"，其中一个是由我主持的"三晋文化传承与保护协同创新中心"。在2013年11月山西大学与晋城市人民政府签署战略合作协议的基础上，在征求校内外多位专家学者意见的基础上，我们提出了集中校内外多学科同人对沁河流域进行集体考察研究的计划，"沁河风韵学术工作坊"由此诞生。

风韵是那前代流传至今的风尚和韵致。词有流风余韵，风韵犹存。

沁河是山西境内仅次于汾河的第二条大河，也是山西的一条母亲河。沁河流域有其特有的风尚和韵致：这里是中华传统文明的孵化器；这里是草原文化与中原文化交流的过渡带；这里有闻名于世的"北方城堡"；这里有相当丰厚的煤铁资源；这里有山水环绕的地理环境；这里更有那独特而丰厚的历史文化风貌。

横穿山西中部盆地的汾河流域以晋商大院那样的符号已为世人所熟识，太行山间的沁河流域却似乎是"养在深闺人不识"。与时俱进，与日俱新，沁河流域在滚滚前行的社会大潮中也在波涛翻涌。由此，我们注目沁河流域，我们走向沁河流域。

以"学术工作坊"的形式对沁河流域进行考察和研究，是由我自以为是、擅作主张提出来的。2014年6月20日，一个周五的晚上，我在中国社会史研究中心学术报告厅作了题为"鸣锣开张：走向沁河流域"的报告。在事先张贴的海报上，我特意提醒在左上角印上两行小字"一个多学科融合的平台，一个众教授聚首的场域"，其实就是工作坊的运行模式。

"工作坊"（workshop）是一个来自西方的概念，用中国话来讲就是我们传统上的"手工业作坊"。一个多人参与的场域和过程，大家在这个场域和过程中互相对话沟通，共同思考，调查分析，也就是众人的集体研究。工作坊最可借鉴的是三个依次递进的操作模式：首先是共同分享基本资料。通过这样一个分享，大家有了共同的话题和话语可供讨论，进而凝聚共识；其次是小组提案设计。就是分专题进行讨论，参与者和专业工作者互相交流意见；最后是全体表达意见。就是大家一起讨论即将发表的成果，将个体和小组的意见提交到更大的平台上进行交流。在6月20日的报告中，"学术工作坊"的操作模式得到与会诸位学者的首肯，同时我简单介绍了为什么是"沁河流域",为什么是沁河流域中游沁水—阳城段,沁水—阳城段有什么特征等问题,既是一个"抛砖引玉",又是一个"鸣锣开张"。

在集体走进沁河流域之前,我们特别强调做足案头工作,就是希望大家首先从文献中了解和认识沁河流域,结合自己的专业特长初步确定选题,以便在下一步的田野工作中尽量做到有的放矢。为此,我们专门请校图书馆的同志将馆藏有关沁河流域的文献集中在一个小区域,意在大家"共同分享基本资料",诸位开始埋头找文献、读资料,校图书馆和各院系及研究所的资料室里,出现了工作坊同人伏案苦读和沉思的身影。我们还特意邀请对沁河流域素有研究的资深专家、文学院沁水籍教授田同旭作了题为"沁水古村落漫谈"的学术报告;邀请中国社会史研究中心阳城籍教授张俊峰作了题为"阳城古村落历史文化刍议"的报告。经过这样一个40天左右"兵马未动,粮草先行"的过程,诸位都有了一种"才下眉头,又上心头"的感觉。

2014年7月29日,正值学校放暑假的时机,也是酷暑已经来临的时节,山西大学"沁河风韵学术工作坊"一行30多人开赴晋城市,下午在参加晋城市主持的简短的学术考察活动启动仪式后,又马不停蹄地赶赴沁水县,开始了为期10余天的集体田野考察活动。

"赤日炎炎似火烧,野田禾稻半枯焦。"虽是酷暑难耐的伏天,但"沁河风韵学术工作坊"的同人还是带着如火的热情走进了沁河流域。脑子里装满了沁河流域的有关信息,迈着大步行走在风光无限的沁河流域,图书馆文献中的文字被田野考察的实情实景顿时激活,大家普遍感到这次集体田野考察的重要和必要。从沁河流域的"北方城堡"窦庄、郭壁、湘峪、皇城、郭峪、砥洎城,到富有沁河流域区域特色的普通村庄下川、南阳、尉迟、三庄、下孔、洪上、后则腰;从沁水县城、阳城县城、古侯国国都端氏城,到山水秀丽的历山风景区、人才辈出的海会寺、香火缭绕的小尖山、气势壮阔的沁河入黄处;从舜帝庙、成汤庙、关帝庙、真武庙、河神庙，到土窑洞、石屋、四合院、十三院；从植桑、养蚕、缫丝、抄纸、制铁，到习俗、传说、方言、生态、旅游、壁画、建筑、武备；沁河流域的城镇乡村，桩桩件件，几乎都成为工作坊的同人们入眼入心、切磋讨论的对象。大家忘记了炎热，忘记了疲劳，忘记了口渴，忘记了腿酸，看到的只是沁河流域的历史与现实，想到的只是沁河流域的文献与田野。我真的被大家的工作热情所感染，60多岁的张明远、上官铁梁教授一点不让年轻人，他们一天也没有掉队；沁水县沁河文化研究会的王扎根老先生，不顾年老腿疾，一路为大家讲解，一次也没有落下；女同志们各个被伏天的热火烤脱了一层皮；年轻一点的小伙子们则争着帮同伴拎东西；摄影师麻林森和戴师傅在每次考察结束时总会"姗姗来迟"，因为他们不仅有拍不完的实景，还要拖着重重的器材！多少同人吃上"藿香正气胶囊"也难逃中暑，我也不幸"中招"，最严重的是8月5日晚宿横河镇，次日起床后竟然嗓子痛得说不出话来。

何止是"日出而作，日入而息"，不停地奔走，不停地转换驻地，夜间大家仍然在进行着小组讨论和交流，似乎是生怕白天的考察收获被炙热的夏夜掠走。8月6日、7日两个晚上，从7点30分到10点多，我们又集中进行了两次带有田野考察总结性质的学术讨论会。

8月8日，满载着田野考察的收获和喜悦，"沁河风韵学术工作坊"的同人们一起回到山西大学。

10余天的田野考察既是一次集中的亲身体验，又是小组交流和"小组提案设计"的过程。为了及时推进工作进度，在山西大学新学期到来之际，8月24日，我们召开了"沁河风韵学术工作坊"选题讨论会，各位同人从不同角度对各选题进行了讨论交流，深化了对相关问题的认识，细化了具体的研究计划。我在讨论会上还就丛书的成书体例和整体风格谈了自己的想法，诸位心领神会，更加心中有数。

与此同时，相关的学术报告和分散的田野工作仍在持续进行着。为了弥补集体考察时因天气原因未能到达沁河源头的缺憾，长期关注沁河上游生态环境的上官铁梁教授及其小组专门为大家作了一场题为"沁河源头话沧桑"的学术报告。自8月27日到9月18日，我们又特意邀请三位曾被聘任为山西大学特聘教授的地方专家就沁河流域的历史文化作报告：阳城县地方志办公室主任王家胜讲"沁河流域阳城段的文化密码"；沁水县沁河文化研究会副会长王扎根讲"沁河文化研究会对沁水古村落的调查研究"；晋城市文联副主席谢红俭讲"沁河古堡和沁河文化探讨"。三位地方专家对沁河流域历史文化作了如数家珍般的讲解，他们对生于斯、长于斯、情系于斯的沁河流域的心灵体认，进一步拓宽了各选题的研究视野，同时也加深了相互之间的学术交流。

这个阶段的田野工作仍然在持续进行着，只不过由集体的考察转换为小组的或个人的考察。上官铁梁先生带领其团队先后七次对沁河流域的生态环境进行了系统考察；美术学院张明远教授带领其小组两赴沁河流域，对十座以上的庙宇壁画进行了细致考察；体育学院王金龙教授两次带领其小组到晋城市体育局、武术协会、老年体协、门球协会等单位和古城堡实地走访；政治与公共管理学院董江爱教授带领其小组到郭峪和皇城进行深度访谈；文学院卫才华教授三次带领多位学生赶去参加"太行书会"曲艺邀请赛，观看演出，实地采访鼓书艺人；历史文化学院周亚博士两次到晋城市图书馆、档案馆、博物馆搜集有关蚕桑业的资料；考古专业的年轻博士刘辉带领学生走进后则腰、东关村、韩洪村等瓷窑遗址；中国社会史研究中心人类学博士郭永平三次实地考察沁河流域民间信仰；文学院民俗学博士郭俊红三次实地考察成汤信仰；文学院方言研究教授史秀菊第一次带领学生前往沁河流域，即进行了20天的方言调查，第二次干脆将端氏镇76岁的王小能请到山西大学，进行了连续10天的语音词汇核实和民间文化语料的采集；直到2015年的11月份，摄影师麻林森还在沁河流域进行着实地实景的拍摄，如此等等，循环往复，从沁河流域到山西大学，从田野考察到文献理解，工作坊的同人们各自辛勤劳作，乐在其中。正所谓"知之者不如好之者，好之者不如乐之者"。

2015年5月初，山西人民出版社的同志开始参与"沁河风韵系列丛书"的有关讨论会，工作坊陆续邀请有关作者报告自己的写作进度，一面进行着有关书稿的学术讨论，一面逐渐完善丛书的结构和体例，完成了工作坊第三阶段"全体表达意见"的规定程序。

"沁河风韵学术工作坊"是一个集多学科专家学者于一体的学术研究团队，也是一个多学科交流融合的学术平台。按照山西大学现有的学院与研究所（中心）计，成员遍布文学院、历史文化学院、政治与公共管理学院、教育学院、体育学院、美术学院、环境与资源学院、中国社会史研究中心、城乡发展研究院、体育研究所、方言研究所等十几个单位。按照学科来计，包括文学、史学、政治、管理、教育、体育、美术、生态、旅游、民俗、方言、摄影、考古等十多个学科。有同人如此议论说，这可能是山西大学有史以来最大规模的、真正的一次学科交流与融合，应当在山西大学的校史上写上一笔。以我对山大校史的有限研究而言，这话并未言过其实。值得提到的是，工作坊同人之间的互相交流，不仅使大家取长补短，而且使青年学者的学术水平得以提升，他们就"沁河风韵"发表了重要的研究成果，甚至以此申请到国家社科基金的项目。

"沁河风韵学术工作坊"是一次文献研究与田野考察相结合的学术实践，是图书馆和校园里的知识分子走向田野与社会的一次身心体验，也可以说是我们服务社会，服务民众，脚踏实地，乐此不疲的亲尝亲试。粗略统计，自2014年7月29日"集体考察"以来，工作坊集体或分课题组对沁河流域170多个田野点进行了考察，累计有2000余人次参加了田野考察。

沁河流域那特有的风尚和韵致，那悠久而深厚的历史文化传统吸引着我们。奔腾向前的社会洪流，如火如荼的现实生活在召唤着我们。中华民族绵长的文化根基并不在我们蜗居的城市，而在那广阔无垠的城镇乡村。知识分子首先应该是文化先觉的认识者和实践者，知识的种子和花朵只有回落大地才有可能生根发芽，绚丽多彩。这就是"沁河风韵学术工作坊"同人们的一个共识，也是我们经此实践发出的心灵呼声。

"沁河风韵系列丛书"是集体合作的成果。虽然各书具体署名，"文责自负"，也难说都能达到最初设计的"兼具学术性与通俗性"的写作要求，但有一点是共同的，那就是每位作者都为此付出了艰辛的劳作，每一本书的成稿都得到了诸多方面的帮助：晋城市人民政府、沁水县人民政府、阳城县人民政府给予本次合作高度重视；我们特意聘请的六位地方专家田澍中、谢红俭、王扎根、王家胜、姚剑、乔欣，特别是王扎根和王家胜同志在田野考察和资料搜集方面提供了不厌其烦的帮助；田澍中、谢红俭、王家胜三位专家的三本著述，为本丛书增色不少；难以数计的提供口述、接受采访、填写问卷，甚至嘘寒问暖的沁河流域的单位和普通民众付出的辛劳；田同旭教授的学术指导；张俊峰、吴斗庆同志组织协调的辛勤工作；成书过程中参考引用的各位著述作者的基本工作；山西人民出版社对本丛书出版工作的大力支持，都是我们深以为谢的。

绪论：又熟悉又陌生的沁河

　　我出生于沁河流域的濩泽河畔，从小吃着阳城香甜的小米饭长大。阳城是我的故乡，无论走到哪里，这里都是我魂牵梦绕的精神家园！因为这里有我的父老乡亲，有我的孩童记忆，有我长大后为之自豪的沁河古堡和明清望族。在外工作多年，常常有人问起我的故乡，我会非常自豪地说：我老家在晋东南的阳城县，那里有国家5A级旅游景区皇城相府，是中央纪律检查委员会书记王岐山多次提及的大清相国陈廷敬的故里。

　　尽管我是阳城人，可是自己对阳城的认识却长期停留在读书求学时代的水平，对于邻近的沁水县更是知之甚少。学生时代的印象里，阳城人口38万，虽然是个小山城，可是经济还是可以的，有煤炭、有硫黄、有缫丝、有铁矿，我的外祖父就是十里八乡有名的打铁匠。20世纪90年代初期，阳城县北留镇兴建了当时亚洲最大的坑口火力发电站，竖起了六座高高的晾水塔，西电东输，阳城电厂也成为阳城人的骄傲。

　　与阳城相比，20年前的沁水县则是一个不折不扣的穷县，人口和经济规模均难与阳城相媲美，但是沁水出了个了不起的人民作家赵树理。赵树理的小说《小二黑结婚》、《三里湾》、《李有才板话》、《李家庄的变迁》等等，不仅让全中国、全世界人都记住了山西有个山药蛋派，而且因其浓厚的乡土气息和人文情怀，让人们透过他的作品了解到沁河流域民众的日常生活世界，让人们记住了三仙姑、小二黑等栩栩如生的人物形象，那正是沁河区域社会的真实写照。

　　进入21世纪以来，由于沁水大煤田的发现，沁水县可谓是后来居上，一举扭转了长期贫穷、落后的局面。经济的发展带来了文化的兴盛，风景

濩泽河畔的阳城县城

宜人的历山舜王坪，深藏不露的柳氏民居，曾经繁华的端氏古县，威武雄壮的三都古城，还有"金郭壁银窦庄"，沁水将自身传统文化的精髓一股脑地展示给了世人。顺着沁河谷地一路南下，她们与位于阳城的国家级历史文化名镇——润城古镇，享有"铜墙铁壁"之誉的砥洎城、明代张居正改革的重要参与者王国光的故里——上庄村天官王府，以及早已名闻宇内的北留镇皇城相府、郭峪古村，等等合在一起，构成了沁河中游的一道亮丽的传统历史文化长廊，这是祖先留给后人享用不尽的文化遗产。但是这一切对于我而言，却并非由来已久的"旧识"，而仅仅是一个"新知"。余秋雨先生曾经用"抱愧山西"来表达他对晋商辉煌历史的无知。在此，我同样要用"抱愧沁河"四个字来表达自己对故乡辉煌历史的漠视。

18岁离开故乡，北赴省城读书、工作，至今已有20余年的光阴。一次次往返于太原和阳城之间，一次次路过皇城相府、海会双塔、砥洎城，每次都是匆匆掠过，从未从容驻足停留。或许因为是家乡之故，对于身边的事物，总以为已经很熟悉了，没有什么值得探究的地方。事实证明，这是一种在地化的心态，是一种当地人看当地事时常常会犯下的错误。在我的

阳城县北留镇的阳城发电厂

脑海里，开始意识到沁河古村古堡的独特魅力和研究价值，当是在2007年前后。

自那时起，我就职的山西大学中国社会史研究中心在业师行龙教授带领下，已经率先开始了"走向田野与社会"的学术实践。历史研究要走出象牙塔，走向田野与社会既是我们的学术理念，也是我们的研究方法，"将论文写在三晋大地上，将会议开在三晋大地上"，则是我们的学术口号。将社会史研究引入集体化时代，自下而上地开展中国当代社会史研究则是山西大学中国社会史研究中心近年来着力开拓的学术新领域。在此背景下，我以自己的老家为起点，开始了以集体化时代档案资料收集为中心的田野调查工作。2008年暑期，当我带着几位晋城和阳城籍的本科生访问位于沁河谷地的阳城县润城镇和北留镇时，先是惊讶于砥洎城密密麻麻排列齐整的坩埚城墙和对砥洎城深爱有加、颇善言辞的"城主"张安民先生，再是亲眼看见了尚未开发的郭峪村古城墙和深宅大院，站在高大的豫楼顶层，整个郭峪村的建筑布局一览无余，令人叹为观止，再后来便是在

阳城县润城镇的砥洎城

润城村、史山村和上庄村相继发现的保存完整的集体化时代农村基层档案。短短数日，我们在沁河古村不仅见识了极富地域特色的明清传统建筑，而且收获了丰富的碑刻和档案资料，真是不虚此行。以沁河流域的古村落作为研究对象，开展系统的调查研究，自此时起便提上了议事日程。

带着对沁河流域的浓厚兴趣和时时萦绕心头的乡土情结，2008年，我以"二十世纪沁河流域古村落乡村社会变迁"为题，开始了对沁河流域的资料搜集、田野调查和初步研究。我的基本思路是沁河流域古村落中保存至今的深宅大院、古堡城墙和乡村庙宇，多数创修或重修于明清时代。明清时代的沁河流域人才辈出，群星闪耀，既有王国光、陈廷敬、孙鼎相、孙居相、张慎言、张五典、田从典，等等数不胜数的国之重臣、科举家族、书香门第，又有李思孝、王重新、洪上范家、南安阳潘家等有眼界、有胆识、有担当的盐铁商人和商业家族。及至民国时期，又涌现出像贾景德、郭象升、赵树理这样的官员、学者和人民作家。我以为，明清时代沁河流域古村落的兴盛与辉煌，正是这些政治、文化、商业精英及其家族集体努力的结晶。这些兴盛于明清，延续于民国，失修或毁损于抗日战火、"四清运动"和"文化大革命"期间的古村、古庙、古城、古宅，至今仍在用她带着深刻时代印痕的躯壳向世人讲述着其曾经拥有的辉煌。沁河流域古村落乡村社会历史变迁的动力何在？沁河流域古村落的命运何去何从？沁河流域古村庄如何再创昔日的辉煌？带着这一连串的问题，我逐渐将关注点锁定到沁河流域的名门望族身上。

2014年暑期，经过周密策划和认真准备，由行龙副校长带队，包括山西大学文理十余个学科三十余位教授、博士在内的"沁河风韵学术工作坊"考察团开始了对沁河流域古村古堡多学科协同的实践考察。这次为期11天的团队集体考察，得到了晋城市、沁水县、阳城县各级地方政府的大力支持。在这11天的田野工作中，我亲身领略到了明清以来沁河流域名门望族的精彩过去和家族风采，对于他们各自的宗族发展史及其相互间的密切关联，充满了好奇，也产生了更为浓厚的研究兴趣。

在沁水，西文兴柳氏民居保存完整的家族院落令人感喟不已，西文兴柳氏与河东柳宗元传说中的血缘纽带关系，令我们脑海中对这里充满更加意味深长的遐想。在素有"金郭壁银窦庄"之称的窦庄古堡，我聆听了窦庄张氏"夫人城"的动人传说，对窦、张二姓两大宗族的发展变迁史心存期待。在端氏古县，贾景德故居又让我开始留意这位从沁河流域走出的、追随"山西王"阎锡山一生的民国政坛，尤其是山西政坛的重要人物。在阳城，润城张氏和白巷里杨氏、李氏等科甲连第的家族，更加深了我对当地流传甚广的一句民谚"郭峪三

砥洎城坩埚筑造的城墙

沁水县郑村镇湘峪古堡

庄上下伏，秀才举人二千五，如果不够数，润城小寨补"的认识和理解。明清时代，这里确实是科举发达，人才辈出之地。进一步了解后我得知，明清两代，属于阳城的郭峪、皇城两村共产生15位进士和18位举人，其中陈廷敬家族有"积德一门九进士，恩荣三世六翰林"之誉，沁水郑村镇的湘峪古城"一城七进士"，阳城润城砥洎城则是"一城三进士"。阳城是三晋文化之乡，历史上累计出过123名进士（包括武进士3名）。出现进士之多，在山西名列第三。在这120多名进士中，曾宦居要职的有两个阁老（宰相）：清康熙文渊阁大学士陈廷敬和清雍正文华殿大学士田从典（清代，山西共出六个阁老，阳城县占到三分之一）；有四个尚书：明万历吏部尚书王国光、明天启工部尚书白所知、南明吏部尚书张慎言、清顺治刑部尚书白胤谦。对科举人文的重视离不开发达的地方经济。

沁河流域自端氏镇以下直至润城镇二十余里的河谷地带，不仅是当地的人文渊薮，也是盐铁商贸经济活动的繁荣之地。这一点在大清相国陈廷敬家族身上就体现得相当明显。陈廷敬的五世祖陈琪因科举不第转而从事贩卖铁锅的生意，由此积淀财富，逐渐发家。到了陈廷敬的曾祖父陈经济和祖父陈三乐手里，仍然从事这一行当，家境也越来越好，历经四代财富积累，子孙开始有条件读书入仕，到了陈廷敬的父辈开始取得了实效。陈家的整体文化素质已水涨船高，成为名副其实的诗礼世家、书香门第。到

沁河风韵学术考察活动启动仪式

了陈廷敬这一代更是树大枝粗、叶茂花荣了。在沁河流域，以明代的王国光、清代的陈廷敬为代表的科举官宦型家族，不仅成为众多有志于读书仕进的学子纷纷效仿的对象和楷模，更是成千上万普通小农家庭、各式各样的商业家庭努力追求的目标。

"江碧鸟逾白，山青花欲燃。"带着对沁河流域炽热的乡愁和依恋，这本小书希望以沁河流域最有名望和影响力的人物——明代的王国光和清代的陈廷敬为中心，触碰明清以来沁河流域搏动不息的官脉、人脉和商脉，感知沁河人家的性情、温情和真情，寻找明清以来最能打动我们的那份感觉、感性与感动，寻找并挖掘出沁河流域独有的人文魅力。让世人更多地了解沁河，在充满地域气息的沁河历史文化长廊中品读这里的山水人家，领略和赞叹他们曾经创造的辉煌业绩，让太行深处的沁河文化再次呈现到世人面前。

身为阳城人，我只想感性地说一声，这里虽然是座山城，地方不大，但是山城里的人着实一点也不"山"，眼界并未受到太多的限制。这里的人有强烈的走出太行山、走出娘子关的愿望，不愿意待在本省，希望能尽量走得远一些，要么去京广沪发达地区，要么去一些沿海风景秀丽的城市。或许山西甚至中国其他有些地方也是如此，但是在阳城人身上，这一点体现得尤为明显。在我的印象里，至少在21世纪前后一二十年的时间里，作为阳城县人才摇篮的阳城一中，每年的高考达线人数经常会超过晋城市辖其他四县高考达线人数总和，在山西省也常常是名列前茅的。我一直在想，阳城人对教育的这种执着追求和良好业绩，应该和历史上尤其是明清以来形成的学风、教风有着莫大的关联。人们之所以要成群结队、绵延不绝地走出大山，走向将相豪商之列，胸怀忠君报国、服务桑梓之志，离不开代代俊秀先贤的指引和激励。

位于阳城县磨滩村的沁河第一湾

目 录

CONTENTS

一、代有闻人：宋元时期沁河流域
的早期仕宦与家族

沁河流域之所以显赫闻名，不仅仅是因为这里经济发达、人文鼎盛，最关键的因素是这里是一方盛产"官员"的沃土。沁河流域的文明在明清时代最为光彩夺目。生于晚清，成长于民国的阳城籍著名人士田九德曾言，"吾阳自金元以来，代有闻人，明清两朝，益彬彬焉，述作如林矣。"自金元以来，这里走出了以郑鼎、王国光、陈廷敬等为代表的一大批武将文臣，可谓是群星闪耀、熠熠生辉。这种"出将入相"的传统，激励着一代代沁河后裔效法先人、提挈后进、建功立业、光耀门庭。在众多描述沁河流域村堡和历史文化的著作中，人们关注并讨论最多的正是这一批批不断涌现出的达官显宦。美中不足的是，人们对于这些显宦们各自的家族、身世和成长环境并没有给予足够的关注，多将重点置放于他们长大成人步入仕途后最光彩夺目的几个瞬间。在我看来，如果没有良好的物质基础、家风、学风和家族几代人的积累和培育，是不大可能持续地涌现出这么多栋梁之材的。在风景秀美、资源丰富的沁河流域，这些明清官员群体的家乡，究竟存在着什么样的机制和发展经验，确实值得好好探究一下。因此，仕宦人物的出身、家世、家风、家族成员的性格及其传承，等等便成为本研究的重点内容。

在仔细翻检沁河流域的有关文献后，大体可以形成一个初步的印象，即沁河流域的世家大族、不论是将军还是文职官员，不论是饱读诗书之士，抑或家财万贯的富商巨贾，他们开始在沁河流域发迹，并逐渐走向朝堂、走向五湖四海，变得引人注目，其年代大致可以从宋金元时代算起。在此，最值得称道的便是以北宋时代的沁水县（当时叫端氏县）窦庄窦氏、元代的阳城县屯城郑氏和下交原氏等为代表的曾经显赫一时的早期大姓望族。较之明清时代后起的新兴科举、商业家族而言，他们应当被视为沁河流域活跃年代相对较早的一批古老家族。他们兴起于宋元，明清时代或是风光不再、繁华落尽，如窦庄窦氏、屯城郑氏；或者继续在祖先荣耀的激励之下，继续书写家族的辉煌历史，如下交原氏等。

沁河边上的金郭壁银窦庄

1.沁水窦庄窦氏

（1）"并非恩宠有加"：因肃穆夫人而起家的窦氏家族

窦庄有"夫人城"之誉。这里的"夫人"有两个，一是指北宋哲宗皇帝时入宫受宠的肃穆夫人，民间或称其为"端娘娘"。窦氏全族上下因此女而贵，受到朝廷的封赏，成为一方显贵。窦氏家族开始兴旺；还指明末李自成农民起义军进入沁河流域时，带领窦庄民众坚决抵抗的霍夫人——明末在辽东抗击后金的名将张铨的妻子。概因窦庄堡系明末张五典未雨绸缪，主持修建，后在防御明末农民军进攻中发挥了积极作用，加之作为后起之秀的窦庄张氏家族，在保卫窦庄民众生命和财产安全不受侵犯的诸多功绩，因此"端娘娘"就不及"霍夫人"那么接地气，为民众所熟识了。

普通百姓甚至是地方文史工作者对于"端娘娘"肃穆夫人的认识，一般都模糊地将其等同于上党梆子朝代戏中为皇帝所宠幸的"贵妃"或是"西宫娘娘"。端娘娘究竟是何品级，是否确有其人，这个问题在本套丛书田同旭教授的《沁水史话辩证》中有详细、权威的考证。田教授在对周

窦庄夫人院

礼、唐宋宫廷妃嫔等级做出详细考证的基础上，指出，"大概端氏窦氏之女入宫时，初为五品之侍御、红霞帔等，侍奉帝王'几三十余年'后，封为四品'韩燕国翊德保顺懿惠肃穆夫人'。郡夫人为从四品，国夫人为正四品。"这是按照国家礼制等级，从朝廷层面对"端娘娘"身份的一个准确定位。

但是，从民间层面来说，"端娘娘"并不代表其个人，而是代表了窦氏的家族荣耀，同时也是整个窦庄的荣耀。因此，他们在书写

上党梆子戏中的娘娘形象

和记述窦庄历史时，两个夫人又是同等重要的。窦庄的历史其实就是窦氏和张氏两个家族兴衰荣辱、此消彼长、互动交融的历史。学界以往在这一方面用力甚多，因此不论是网络上还是坊间文史著述中，均可见到描写窦氏、张氏各自荣耀和杰出事迹的论述，可供有兴趣者参考。这里不再赘述了。

可以肯定的是，窦庄因窦氏而名是没有太大争议的。窦氏在窦庄这片地方甚至是沁河中游的区域社会中，应该算是发迹最早的一个姓氏

窦庄城堡门

了。目前能够见到的有关窦氏历史的文献中，年代最早者莫过于北宋崇宁四年（1105）十月初六日由"晋城李佚"为窦氏始祖窦璘撰写的碑文《宋故赠左屯卫大将军窦府君碑铭有序》。但是，此碑对于撰写碑序的作者李佚并没有提供太多信息。这一缺憾，可以从乾隆二十六年窦汉辅所修《窦氏东一支世谱略序》中得以弥补。该谱对这通关乎窦庄窦氏祖先历史的重要碑刻予以全文辑录。不过，由于纸谱残损严重，故而整理者在录入时遗漏了不少信息。由北京交通大学薛林平等人所著《窦庄古村》一书中，就有碑和谱的内容，两相比较不难发现错漏、句读错误多处，自不待言。唯纸谱中有"大宋崇宁四年十月初六日宣和殿侍读学士李佚撰"字样，可补碑文之缺。由此可知李佚，其籍贯当系晋城人，其身份系宋崇宁年间宣和殿侍读学士。而侍读学士之职始设于唐代，其职责为刊辑经籍，后为翰林院学士之一，为皇帝及太子讲读经史，以备顾问应对。查《宋代官制辞典》一书可知，宣和殿学士为正三品。宋政和五年（1115）四月二十四日始置。宣和元年（1119）二月一日，始改名为保和殿学士。李佚为窦璘撰碑的年代为宋崇宁四年，即1105年。当时尚未设立宣和殿学士一职。因此，窦氏家谱中的"宣和殿侍读学士李佚"显然系修谱者伪造。

宋窦将军墓

宋窦将军碑

究竟为何书"晋城李俦"而不加诸头衔，学界一般认为，官员或平民的墓志作者凡以籍贯加姓名方式表述的，暗示他是没有获取功名的读书人。可是文献记载李俦于政和三年（1113）因失职遭遇黜降为康州刺史，而且在南宋时继续做官，期间经历了二十三年。加之窦氏宗谱中的记录，可知李俦并非普通平民身份。既然如此，他为什么要这样署名呢？唯一的解释就是，由于是给平民撰志，为避免自我炫耀之嫌以表达追思之情，这位擅长文辞的门生晚辈在落款处也就不写官职了。李俦为其老师、北宋布衣学者、书法家王寿卿撰写的《宋故王鲁翁先生墓志铭》中，也采用了同样的落款方式，不过其籍贯已发生了变化，由"晋城李俦撰"改为"濩泽李俦撰"。濩泽即今阳城县，与沁水毗邻，在宋代属泽州，隶河东路。至于窦氏族谱中书写"宣和殿侍读学士李俦"字样，则毫无疑问是明清以来族谱编撰者有意攀附名人显贵、炫耀宗族地位的社会风气使然。无论如何，窦家能够邀请到这样一位在君王身边工作的同乡为其祖先作序，可见其地位在当时已经非同常人了。

返回来再读崇宁四年（1105）李俦所撰碑文，有助于我们了解窦庄窦氏的来源及身世。据李俦所言，"窦氏著望扶风旧矣"，陕西扶风平陵系窦氏郡望，这一点在宋代可能已为类似于李俦这样的有识者所知。但是，李俦碑文重点并不是要去讲窦姓究竟是何时何地由何人迁入窦庄的，而是实事求是地将他所知道的有关窦璘及其家族上下三代人因窦璘的三女儿（入宫服侍哲宗皇帝的肃穆夫人）而举族飞黄腾达的故事清楚地表述出来，不加任何附会、不实之词。

李俍意识到，窦氏一族之崛起，首先是仰赖肃穆夫人之德行，对此他颇有感慨："呜呼！肃穆被选禁掖保辅哲宗皇帝，逮事余圣前后，几三十余年，勤劳恭顺，夙夜匪懈，宫闱之间，上下辑睦。是以每承睿旨，恩渥优异。爵命之荣，上及祖考，旁禄其族，子官者凡十余人，窦氏遂为显族，而簪绅耀辉闾里之间，一时为盛，岂非君之积善而余庆所臻欤？"窦璘是肃穆夫人的父亲，李俍说窦氏一家能有当日之荣华富贵，也是做父亲的窦璘积德行善得来的，在碑记中他这样描述窦璘："君自少年沉静有气节"，相信"积善之家必有余庆。虽身不获报，当覃及后昆。吾平昔以善施于人者多矣，则光耀闾里，高大其门族者，子孙必与有焉。"1046年，即庆历六年，32岁的窦璘因病离世，因女儿肃穆夫人之贵，窦璘先是"恩赠右领卫将军"，三年后（1049）"迁左屯卫大将军"。窦璘的妻子罗氏，在窦璘死后29年卒（1075），赠宜春郡太君。元丰八年（1093），窦璘夫妻二人始"合葬于泽州端氏县中心乡窦庄西山之下先茔之侧"。窦璘的父亲，肃穆夫人的祖父窦勋也在身死后，获得"故赠右领卫大将军"的名誉。所谓"故赠"，意即为中高级官员已故的父母，给予相应的称号及某些荣誉，无职无权无俸，是虚衔非实职。其本人在世的时候乃是平头百姓，并未担任过任何官职。这也是李俍为肃穆夫人之父窦璘撰写碑文落款时只写"晋城李俍"的原因所在。

窦璘生有二子三女。长子早亡，二子名窦质，"故任三班奉职"，意思是说死后给任命了一个"三班奉职"的官阶。到了窦璘的孙辈二人，"长曰天祐，三班奉职；次曰天佑，右班殿直。"肃穆夫人为窦璘三女儿。窦璘的堂侄窦晞古，任"左藏库副使，泾原路第四副将"，"皆以肃穆荫仕"。

李俍撰写的这通碑文中，窦家祖孙三代因肃穆夫人荫庇而得官的史实经常被地方文史研究者所引用，但从未有人对其职衔、品级做过细致的考证，只是笼统地认为窦氏因入了皇宫的女儿而显赫一时。殊不知，就北宋时代窦家人所获之职务品级而言，也不过是中下流的水平，并非后世所想象的那么"恩宠有加"。结合窦氏家谱和李俊碑文可知，窦家有三个大将军，分别是窦璘的"左屯卫大将军"、窦勋的"右领卫大将军"和窦某的"监门卫大将军"。查宋代官制辞典可知，这些官职均系"环卫官名"，环卫即禁卫之意。据《宋史·职官六》：环卫官"皆空官无实，措置闲散武臣，兼有储备将才的作用。"嘉定二年（1209），复因臣僚言，专以曾为兵将有功绩及名将子孙之有才略者充当。至于其品级，《宋诏令》卷一六三《改武选官名诏》中说："卫官各有三等，上将军、大将军、将军，共四十八阶：左右金吾卫、左右骁卫、左右武卫、左右屯卫、左右领军卫、左右监门卫、左右千牛卫、左右卫。"其中，左屯卫大将军系正四品。在诸卫大将军中，其序位在左右武卫大将军之下，左右领军卫大将军之上。左右领军卫大将军也是正四品，其序位在左右屯卫大将军之下，左右监门卫大将军之上。左右监门卫大将军，同样也是正四品，其序位在左右领军卫大将军之下，左右千牛卫大将军之上。可见，窦璘、窦勋和窦某被授予的"大将军"名号，均非其本人实际担任过的实职，而是品位中等的虚衔。尽管都是正四品，但也有等次区别，由高到低分别是左屯卫大将军、右领卫大将军、监门卫大将军。这是在肃穆夫人的祖辈和父辈身上，基本还能算得上是"恩宠"。但是在子侄儿孙辈，就已经没有太大的荣耀了。窦质、窦天祐的"三班奉直"、窦天佑的"右班殿直"，均是北宋的武官官阶，属三班小使臣阶列，多系从九品、正九品的低级武官。

有区别的是窦晞古的"左藏库副使，泾原路第四副将"。其中，左藏库副使亦系武阶名，属诸司副使阶列，元丰新制从七品。李俊在碑文中也解释说窦晞古之所以品级比窦质等人高，是因其"随龙恩例进，故品秩高于诸子。"然而，即便如此，从七品、正九品、从九品的品秩确实与人们所想象的窦氏作为皇亲国戚应当享有的品级存在较大差异。再者，窦氏族人只有死去的人才会被授予正四品的武官阶，在世的子孙则多被授予的是非常低等级的武官阶。可见，宋代窦氏起家之时，其所享有的恩荣是相当有限的，更多的只是停留在精神层面而非真正意义的大姓望族。

	北宋前朝	政和二年改新名
1	东头供奉官	从义郎（从八品）
2	西头供奉官	秉义郎（从八品）
3	左侍禁	忠训郎（从九品）
4	右侍禁	忠翊郎（从九品）
5	左班殿直	成忠郎（从九品）
6	右班殿直	保义郎（从九品）
7	三班奉职（从九品）	承节郎（从九品）
8	三班借职（从九品）	承信郎（从九品）

（2）奉何人为始祖：窦氏墓碑和族谱中的不同话语

显然，李伉碑是认定窦氏始祖为窦勋、窦璘的最有力证据。然而，这样一个看似"铁"的事实，却在明清时代的造族运动中，受到一些不同声音的挑战，并在与窦氏有关的墓碑和族谱中出现了不同的声音，以至于窦氏子孙不得不为究竟应该奉何人为自己的祖先这一问题寻找依据，辩论不休。现存窦氏家族墓碑中的主流话语是尊奉左屯卫大将军窦璘为始祖。康熙四十三年，窦庄窦氏裔孙窦斯在撰写的《宋窦将军墓碑》中开门见山地讲道："始祖讳璘，字廷玉，宋哲宗朝以女肃穆夫人贵，赠左屯卫大将军"云云。同样的话语，在乾隆二年河南柘城窦氏裔孙，官至四川新宁县知县的窦荣邃为族兄窦千子撰写的《皇清公举孝廉方正庠生千子窦公墓志铭》中也直言不讳地说："余家祖贯西秦扶风平陵人。至祖璘，宋哲宗朝以女肃穆夫人贵，封左屯卫大将军，葬窦庄，实为窦氏始祖。"

与墓碑不同，嘉靖二十二年沁水郭壁村韩君恩作序的《窦氏宗族》中，却出现了窦庄窦氏的另外一个始祖——窦贞固，据谱中所言："后唐庄宗朝窦贞固，同光中举进士，为河东节度，推官。晋初应诏上封事，累官翰林学士，工礼刑三部尚书。后仕汉，为大司徒，封沂国公。见陕西一

11

统志。因官不返，流寓于河东泽州端氏县窦庄村，即今山西泽州沁水县窦庄村是也。"此人无论名气、地位还是生活年代，均非窦勋、窦璘可比。如果确实是窦氏入籍沁水的先祖，那对于窦氏而言毫无疑问是增光添彩的。如果此君果真是窦氏始迁祖，北宋李佽碑文中何以只字不提，并且说窦璘家族"自高祖以降遁迹畎亩，躬有善行"，其话外之意就是说窦璘以前的窦氏祖先连他们自己都不清楚是谁了，又怎么会突然间在嘉靖二十二年蹦出一个姓窦的名人来呢？此外，还有一个细节值得推敲。即当时为《窦氏宗谱》作序的人，名叫韩君恩，沁水郭壁村人，系窦庄窦氏之乡邻。窦氏旧谱中记载说韩当时已是"赐进士第，巡按，山东监察御史"。查相关文献后可知，韩君恩在嘉靖三十四年（1555）才以博学宏词中举人，次年中进士。任直隶庐州六府推官，多有惠绩，升陕西道监察御史，后又迁浙江按察使司副使。族谱中却说窦家人在嘉靖二十二年请韩君恩为其作序，显然是有很大出入的，令人怀疑族谱编撰的真实性。

因此，对于窦贞固与窦庄窦氏的关系，不断被族中修谱者提出来加以

郭壁村韩范的进士第

讨论。雍正八年，窦氏裔孙窦世俊在誊录嘉靖年间的窦氏旧谱时，发表了当时窦氏修谱者的看法："按礼，始迁及始有封爵者为始祖。考诸碑记，吾族迁自扶风，贵为国戚，则祖本庄勋祖为始祖，于礼洽。况后来奉祀如是，曷敢更张？故旧谱之远祖仅录于谱端，俾世世子孙知所自来，而原始乃以勋祖为主。"在这里，他们尊窦勋为始祖的依据是"始迁及始有封爵者"以及历来窦氏族人的实践。他们尊重的是既有可查的事实，而非族谱中无法查证落实的只言片语。随后，乾隆二十六年以窦俊辅为主的修谱者在这次新完成的族谱中，专设"附考"一节，发表了他对窦贞固的看法。显然，窦俊辅查阅了宋史，找到了窦贞固的所有资料，并将其个人经历罗列如下：

> 窦贞固，字体仁，同州白水人。父专，后唐左谏议大夫。固同光中举进士，补万全主簿，后授河东节度推官。晋，擢为户部员外郎、翰林学士，就拜中书舍人，寻改御史中丞。历刑部门下二侍郎，拜工部尚书，迁礼部，改刑部，出为颍州团练使，复拜刑部尚书。汉，迁吏部，拜司空门下侍郎平章事，弘文馆大学士，加司徒。周，加兼侍中。俄罢相，守司徒，封沂国公。宋初，以前三公赴阙陪位，晚归洛阳，开宝二年病，自为墓志，卒年七十有八。谱□国似误。

在梳理了窦贞固一生的经历后，窦俊辅明确指出："右节略宋史，按此则公流寓洛阳矣。韩公所谱，宦不返，流寓河东泽州端氏县窦庄村者，不知何所考。"可知，乾隆二十六年窦俊辅等人在修谱时对于窦贞固流寓沁水窦庄这一传闻也是持严重怀疑的态度，认为窦贞固不是流寓沁水，而是流寓洛阳。既然如此，自然不会与窦庄扯上关系。于是，在这次新修而成的族谱中，他开篇就道明了窦氏始祖的鉴定依据：

> 吾氏家乘，自汉讳广国至宋讳勋。始祖而上，原祖贯本扶风

窦庄村全貌

平陵，韩所谱者皆扶风平陵人也，自不为无考，然而远矣。即所载沂国公因宦不返，流寓河东泽州端氏县窦庄村讳贞固者，今亦无考。唯村西及卧牛山下碑碣翁仲等岿然而存者，为三大将军墓，则吾氏奉讳勋祖为始祖，固于礼为甚洽也。

结合明代嘉靖大礼议之后在民间风起云涌的造族运动，笔者以为，窦氏与窦贞固攀亲，应当是明清时代宗族运动的产物，不当视其为窦庄窦氏始祖。近来，田同旭先生有这样的解释："窦贞固的时代，正好与窦氏迁入山西沁水端氏的时代相合，而且窦贞固又正好在河东做官。刚刚迁入山西沁水端氏的窦氏，当然需要窦贞固这样一位高官为庇护，遂尊窦贞固为山西沁水端氏窦氏之始祖。"应当说，这一解释还是颇有道理的，但也同样缺乏最直接的证据，只是一种合理性推测而已。

（3）窦氏是否有谱与何时有谱？——窦斯在的辩驳

现存乾隆二十六年窦氏族谱中，有《族保安公焚谱辩》一文，对于我们了解窦氏在宋代以后的境遇和发展史颇有助益。这篇文章其实讲述

了一个很有意思的故事。文章作者窦斯在，在光绪《沁水县志》中有
传。为其作传的人是窦容邃，系雍正七年己酉科进士，四川新宁县知
县，河南柘城窦氏裔孙。窦斯在的生卒年不详，但算得上是窦氏家族中
一位读书仕进且有能力和操守的名人。从其传记中可知其曾先后"出宰
浚县，政绩卓然"，康熙五十三年出宰保安，后署理靖边、定边。卒年
七十，保安靖定两边，各请祀名宦祠。这篇文章中的"保安公"所指的
当是其曾担任保安县令的一种尊称。因此，窦斯在应当是一位生活在康
雍两朝的人物。

　　按照窦斯在的理解，窦庄窦氏在过去本来就没谱。但是族人中却流传
说，原来有谱，"族人中有自耻其辈数大卑者，阴焚之事在明季"。这句
话有点模糊不清，但大致意思是讲有人在明末时曾蓄意烧毁了家谱。窦斯
在听说此事后，大为震惊。但是康熙四十年（1701），当他亲自编修自己
所在的窦氏一支谱系时，却发现"焚谱"这个事情是根本不可能发生的。
他首先回顾了自己的支系，发现"余支自祖坚以下，凡七传至曾祖，计□
世，所历约略百四五十年，寨崖底祖茔碑阴所记世系，系甚明晰。碑记出
余堂曾祖如玉手。玉博学多闻，善识□事。而当时所记世次仅溯及坚祖而
止，盖前此已无可稽矣。"也就是说，他当时修谱时，发现自己最多只
能记录本支一百四五十年七、八代人的世系，再往前就难以求证了。接着
他又说，"今考始祖国舅茔始于宋元祐八年，由宋而元而明，至天启七年
寨崖底祖茔立碑时，已五百四十一年。夫余支一百四五十年之前即已茫然
莫辨，若更溯而上之前此三百九十余年之事，又谁为吾族代记者？"窦斯
在认为，从始祖窦璘至明天启年间的三百九十余年，窦氏家族的历史应该
是没有人去主动记录的。之所以如此，是因为宋室南渡后，作为皇亲国戚
的窦氏遭受新王朝的冷遇，一蹶不振，且家族中长期没有人读书仕进，因
而导致族谱丢失、失修。他推测说："盖南渡后，此地已非宋有，吾家以
胜国戚畹，既遭摈弃，而子孙流寓患难，亦无读书仕进之人。间尝征之邑
乘，于宋载有窦将军墓，即始祖也。自是而后，直至明兴，始以科贡显，
而金元之代无闻焉，其无读书仕进之人可知也。夫修明纪载，儒者事也，

既无读书仕进之人，安所得谱？无谱又安得有焚谱者。"由于有窦将军墓的存在，使得窦氏族人对于自身的历史，只知道两头的班辈世系，而无法搞清楚中间的世系沿革了。

透过窦斯在的这番辩驳，可以明确的是，窦氏在始祖窦勋、窦璘和肃穆夫人时代，已经是沁水"本邑著姓，未有无谱者"。后来经历了宋金战争，宋室南渡，沁水先为金，后为蒙元所占，窦氏作为皇族遭受磨难和挫折，金元时代沉寂下来，直至明代，才有族人开始科举入仕，重新振作。但是，这只是窦家自身的兴衰荣替过程。如果和同出一村的窦庄张氏相比，无论是宋代还是明清时代的窦氏，均难以望张氏之项背。明清时代的张氏，已经从窦氏的看坟守墓人变成了窦氏一族积极争取联姻、攀附的儿女亲家。这段历史，地方研究者已经做了不少工作，我们就不赘述了。

2.阳城屯城郑氏

屯城位于今沁水和阳城二县交界处，又名虎谷，因在地理形态上，村庄沿卧虎山麓向南北延展，故有此名。村庄位于沁河东岸，与对岸的沁水武安村隔河相望。两村村名均与战国时代发生的一次著名战役——长平之战有关。据说屯城是秦将白起筑城屯兵屯粮之地，武安则因秦将白起的封号"武安君"而得名。就屯城村当下的姓氏种类和空间分布而言，自北而南大体包括赵、郑、刘、程、王、张、陈、高等姓氏。其中，郑氏、张氏和陈氏建筑群规模宏大，占据了村内显著位置，形成"郑半街，张半道，陈一角"的格局。郑、张、陈无疑是该村的大姓望族。

在一份介绍屯城村历史的材料中，可以看到这样的说法："古村在金代渐渐崛起，元、明、清时期达到鼎盛。元代郑家祖孙四代两封国公，二世平章；明清两季张家五世之内三位进士，荣耀过人；清康熙年间陈廷敬长子陈谦吉迁入屯城，其族人亦多漫步官场。"可见，在屯城村的三大姓氏中，郑氏乃是最先发迹的一个古老家族。本节将就元代郑氏家族的发展

屯城村口牌楼

历史作进一步阐述。

（1）见诸正史、方志和碑石中的屯城郑氏家族

关于屯城郑氏，《阳城县乡土志·氏族》条目中有一句话表述得很清楚："郑氏之于元，皆恩宠优渥，阀阅荣显。一时际遇之隆，惟郑氏为最盛。今之子姓，亦惟郑氏为最微。"《阳城县乡土志》的作者杨念先，系阳城县白巷里下庄村人，是晚清民国时期当地著名的学问家，对阳城历史文化非常熟悉。这一概括之语，是建立在其本人对郑氏家族以及阳城其他大姓望族兴衰荣替总体状况的认识基础之上，因而是比较客观、可信的。进一步查阅该乡土志有关屯城郑氏的论述，还能了解到如下信息：屯城郑氏系"元初自荥阳徙阳城，卜居虎川里之屯城村"。郑氏迁阳后，从第三世祖郑皋始，直至第六世郑涛，均先后有多人出任元朝中央和地方要职，四处征战攻伐。元灭后，郑氏"自八世后之子孙皆安于农商，无仕进者。"屯城郑氏在有元一代的昙花一现，究其实质，是抓住了军功这个关键因素。郑氏和多数蒙元时代山西的汉人世侯家族一样，其命运沉浮多系于蒙元政权本身。伴随着元朝的灭亡，郑氏家族亦随之退出了历史舞台。

然而，在屯城郑氏的家族历史研究当中，仍然有不少问题未能厘清，首要解决的问题是，元代郑氏历代族人所任官职究竟是何性质，有多重

屯城村古街巷

要？其次，郑氏作为显赫一时的大家族，对地方社会发展做了哪些贡献，留下了哪些值得怀念的东西？再者，屯城郑氏何以在元代以后便彻底销声匿迹，个中原因何在？基于此，对于屯城郑氏的历史遗产，必须进行一次彻底的清理和总结。

管见所及，学界已有两篇文章涉及郑氏家族的历史。一是中国社科院历史研究所的刘晓所撰《元镇守武昌"平阳太原万户府"考——以万户郑氏为中心》，此文已收入《吴天墀教授百年诞辰论文集》（四川人民出版社2013年版）；一是山西师范大学戏曲文物研究所延保全的论文《大元制诰特赠碑与郑鼎》（《文献》2003年第2期）。两篇文章的出发点虽然都不是为了讨论郑氏家族，但是均涉及郑氏家族史研究中的核心文献，包括：《元故忠昌军节度使郑公神道碑铭》（即郑皋神道碑）、《元中书右丞谥忠毅郑公神道碑》（即郑鼎神道碑）、《资德大夫大都留守领少府监事兼武卫亲军都指挥使知大都屯田事赠推忠赞治功臣银青荣禄大夫平章政事泽国公谥忠宣郑公行状》（即郑制宜行状）、刘岳申《申斋集》卷九《元通奉大夫湖广等处行中书省参知政事郑公墓志铭》和许有壬《至正集》卷五二《故通奉大夫湖广等处行中书省参知政事郑公神道碑铭》（二者均为郑昂霄神道碑）。

此外还有现存于屯城郑氏家庙门前的"大元制诰特赠"碑，此碑系

屯城村郑氏祠堂

皇庆元年元仁宗专门为郑鼎颁发的一道追赠封号的圣旨碑。碑高225厘米，宽97厘米，厚34厘米。碑额题"大元制诰特赠"，碑身上半部系八思巴文，下半部系汉文。另有现存于泽州周村镇西，立于至正十八年（1358）的《郑宣慰活民纪功碑》（即郑涛纪功碑）。作为郑氏家族功绩鼎盛的杰出代表郑鼎、郑制宜父子，在《元史》中有列传（见《元史》卷一百五十四·列传第四十一《郑鼎传（附郑制宜传）》）。这些丰富的文献资料与

大元制诰碑

郑氏在沁河流域留下的历史遗迹及其传说故事拼接到一起，基本可以还原出一个完整的郑氏家族形象，并有助于纠正地方文献和已有研究中的一些疏漏和讹误。

（2）郑氏家族的谱系传承：显赫一时的元代汉人世侯家族

据学者瞿大风的研究，金末元初，随着蒙古军不断南下攻掠中原，山西地区兴起一批大小不一、聚众自保的地方武装。这些地方武装首领具有不同的素质和才能，拥有一批当地民众武装，且从蒙、金双方的军事较量中看出金朝大势已去与蒙古骑军锐不可当的政治趋向，纷纷率众降附蒙古新朝。在征服与统治山西的过程中，蒙古统治者在地方武装首领降附以后，除了利用他们随从蒙古军攻城略地以外，还逐步将山西各地交由他们世袭任职，守土治理，赋予他们执掌军政事务的双重权力。屯城郑氏家族就是在这一场景下开始走向历史舞台的。

尽管屯城郑氏无家谱留存，但是根据数通郑氏祖先神道碑、墓志铭、

大元制诰碑八思巴文部分

大元制诰碑汉文部分

行状并参考乡土志等文献，基本可以对郑氏家族的谱系传承有一个粗略的梳理和判断。有关屯城郑氏的来历，元人袁希耽为郑氏三世祖郑皋所撰《故忠昌军节度使郑公神道碑铭》中有言："公之先自荥阳徙居泽州阳城，卜居县中，自六世祖再徙家县之泽阳乡屯城村。世以农为业。"接着又说"大父邻生子三：曰盛夫、曰珪、曰让，皆冠儒。""越所居之第别构一堂，榜曰'丽泽'，以会朋友，讲习道义，岁无虚月，乡党倾慕焉。公讳皋，珪之次子也。"这两段话大致描述了郑氏初到阳城的情形。河南荥阳，是郑氏郡望所在地。郑氏先人正是从河南荥阳迁居山西阳城的。抵达阳城后，最初并未直接定居屯城，而是择地居住在阳城县的某个地方，经过六世之后，才最终居于屯城的。而且，在定居屯城前后，一直从事的是农业，是一个普通的农人家庭。这里，如果以郑皋的祖父郑邻作为屯城的始迁祖，那么郑氏到郑邻这一辈，已经有六代人了。按照25至30年一代来粗略计算的话，当时郑氏家族在阳城已有150—180年的历史。查文献可知，郑皋于金哀宗正大五年（1228）十一月病逝，享年36岁，可计算出其出生年代应为1193年，即金明昌四年。郑邻—郑珪—郑皋是祖孙三代人，若将郑邻作为郑氏进入阳城之后的第六代，那么郑皋就是第八代了。以此类推并计算可知，郑氏进入阳城应当在北宋。因此，屯城郑氏和沁水窦庄窦氏一样，都属于北宋时代就已进入沁河流域的早期外来人口了。阳城县志办原主任刘伯伦1994年主编的《阳城县志》中也有与此相似的观点："屯城郑氏于北宋时由河南迁居阳城县城，六世再迁屯城，至元朝郑鼎已为八世。今东乡郑氏多为其后代。"不过，在郑邻究竟是第六代还是第七代这个问题上，笔者与其存在分歧，兹姑且存疑。

结合郑皋神道碑、郑制宜行状和郑涛纪功碑，可以将屯城郑氏的系谱做成如下简表：

屯城郑氏的七代谱系

第一代	郑 邻				
第二代	长子	二子			三子
	郑盛夫	郑 珪			郑让
第三代		长子	二子		三子
		郑皡	郑 皋		郑明
第四代			长子	二子	三子
			郑鼎	郑庭瑞	郑甫
第五代			郑制宜		郑昂霄
第六代			郑钧（郑阿儿思兰）郑荣祖		郑涛
第七代					郑君用

上表中需要说明两点：其一是郑氏阳城第七代孙郑君用，按照刘晓前揭文的考证，在元代，"平阳太原翼万户"是由屯城郑氏子孙世袭的一个公职，接替郑涛担任该职务的"郑君用"一定是郑氏后裔。但缺乏更直接的证据，因而难以判定其与郑涛的具体关系。兹将刘晓的考证材料

移录如下：据欧阳玄至正四年（1344）奉敕撰、至正七年（1347）立董士珍神道碑，董士珍孙女六人，其中第四人"适平阳翼万户郑君用"。所谓"平阳翼万户"，即"平阳太原翼万户"的简称，郑君用当即继郑涛之后袭平阳太原万户者，当时其武散官阶为宣武将军。其二是郑氏第六代孙，与郑钧同辈分的还有一位名叫郑荣祖的人，文献中称其为郑钧的兄长。但不明此君究系郑氏第五代何人所出，故亦存疑于此，并誊录有关文献，供今后进一步讨论。据《元史》卷二三《武宗纪二》所载，至大三年（1310）十一月，郑阿儿思兰因宫廷内部斗争，被尚书省以"图为不轨"的罪名处死："尚书省以武卫亲军都指挥使郑阿儿思兰与兄郑荣祖、段叔仁等图为不轨，置狱鞫之，皆诬服，诏叔仁等十七人并正典刑，籍没其家。"元仁宗即位当年（1311），很快平反（《元典章》卷三《圣政二·理冤滞（七）》），追谥敬愍（《柳贯诗文集》卷八《郑阿儿思兰谥敬愍》）。可见，郑氏到了第六七代子孙时，已经逐渐开始走下坡路了。

　　站在郑氏家族的角度来看，郑氏发迹应该是从第三代郑皋身上开始的。在金末乱世，郑皋凭借个人的勇武、见识和号召力，已经领导起一支地方武装力量，维护家族利益和地方社会稳定，"一乡赖之得安"。后引起金末上党公张开的注意，极力拉拢，"上党公知其才，擢为兵马提控。从事久，积有勋劫，进阶忠昌军节度同知。"金哀宗正大五年（1228），张开兵溃，郑皋投降蒙古军统帅木华黎，"王嘉之，赏赉优渥，遣使奏朝廷，新命公为忠昌军节度使。"在郑皋兄弟三人中，长兄郑皞为文学士，是个读书人，其兄弟郑明也同乃兄一样从军做了都统，"死于王事"，为国捐躯。唯有郑皋比较突出，官至忠昌军节度使。所谓"忠昌军"，始设于金元光二年（1223），治所在泽州，属河东南路，故治在今山西晋城，基本上没有离开自己的地盘。"节度使"是唐代始设立的地方军政长官。因受职之时，朝廷赐以旌节，故名。五代时期，节度使的权势达到了极点，皇帝的拥立与罢黜都取决于节度使，后梁、后唐、后晋、后汉、后周的开国君主均为节度使。宋以后节度使一般作为宰相卸任之后的荣誉职务，称"某某军节度使、同中书门下平章事"，所谓"使相"。辽、金时期虽然仿唐制置节度使，但往往有名无实，地位也远不如宋朝的使相高，元代便将节度使废除了。由此可知，郑皋所任的"忠昌军节度使"，在当时充其量只是一个主管晋城一方军政事务的地方武装首领，其职位还是比较低的。

到了郑氏的第四、五两代，屯城郑氏才开始走向权力的顶点，并逐步确立了郑氏在有元一代的政治地位和权力分配格局。对于郑氏整个家族而非个人而言，主要表现在两个方面，一是"平阳太原翼万户府"万户职位，由郑氏后裔世袭不替；二是"武卫亲军都指挥使"一职，亦由郑氏子弟世袭。按照元代的官制，诸路万户府分为三等，其中管军七千以上的为上万户府，设达鲁花赤一员，万户一员，俱正三品，虎符。屯城郑氏所授万户即属此等，故为正三品武职官员。"武卫亲军都指挥使"系至元二十六年所设，掌管修治城隍等工役，其品级当为从二品或正三品。因该职务系郑制宜在贞元元年（1295）辞任衡州行枢密院副使职位（从二品）后，入大都

晋城市周村镇的郑宣慰纪功碑

担任大都留守，领少府监期间兼任的一个职位，因此其品级应当不会低于其现任官阶。根据刘晓的研究，郑氏家族中，先后担任过平阳太原翼万户府万户的人有：郑鼎（首任），郑制宜（第二任），因至元十四年郑鼎战死后，年仅十八岁的郑制宜受命承袭平阳太原翼万户；第三任是郑庭瑞，系郑制宜的亲叔父、郑鼎的二弟；第四任是郑昂霄，此人系郑鼎三弟郑甫之子；第五任是郑涛，系郑昂霄之子，子承父业；第六任也是最后一任为郑君用。"武卫亲军都指挥使"只有郑制宜和郑钧父子二人当过。郑氏子孙在不犯错误的情况下，就可以很轻易地袭任正三品的职位，如此高的平台，是寻常人不可想象的，因此袁希耽在给郑皋撰写的神道碑中就用"一门之贵罕有伦比"来形容郑氏在元朝官场所具有的显赫地位。

对于郑氏家族而言，正三品只是他们向上层流动的起点。以郑鼎、郑制宜为代表的郑氏族中精英，在生前身后还获得了"泽国公"（正一品）、"潞国公"（正一品）、"平章政事"（从一品）、"广东道宣慰使"（从二品）、"河东山西道宣慰使"（从二品）、"参知政事"（从二品）等头衔或官职，并有仁宗皇帝亲自颁布的圣旨碑，专门供奉在郑氏家庙堂前，实可谓"尊宠有加"，显赫一时。屯城郑氏的这种家族荣耀亦非前述之窦庄窦氏堪与比肩。某种程度上，可以说郑氏家族的这种荣耀和成长方式，在沁河流域的历史上恐怕也是空前绝后的。

（3）历史的回响：郑氏家族在沁河流域区域社会的活动

屯城郑氏作为金元时代沁河流域的一个有势力有影响力的家族，势必会对地方社会的发展产生较大的影响。从有限的文献资料和调查中，大致可以从两个大的方面来整理出郑氏在阳城做过的事情。

首先是兴修水利工程，为民造福。据郑皋神道碑中记载，"初为提控，睹侯郑湘谷二流可溉屯城之田，因请于郡守霍公，用民力疏决之。民到于今受其赐。"郑皋为屯城村民众解决灌溉水源的功绩，令人称道。袁希耽在纪念他的碑文中，用"公即兴之，利及万年"来表彰他的功德。郑皋对水利的重视也影响了他的儿子郑鼎。据《元史·郑鼎传》记载，至元三年，郑鼎迁平阳路总管后，以平阳地狭人众，经常发生乏食饥荒，"乃导汾水，溉民田千余顷。"成化《山西通志》卷十五《郑公神道碑铭》中也说，这次建渠是自赵城卫店村开口引汾而成，"渠上置立水磨十余所。"这一重视民生的传统，为郑氏子孙所继承。到了郑鼎的儿子郑制宜时期，依然秉持乃祖父两辈的风采。大德三年，洪洞发生八级大地震，民众伤亡惨重，"宜承

屯城古宅院

命存恤，惧缓不及事，昼夜倍道兼行，至则亲入里巷，抚疮残，给粟帛，存者赖之。"作为一方的军政首脑，关心民生，兴修水利，体恤时艰，让民众在乱世、灾难之中赢得一份安宁，这才是最大的贡献。元代山西的汉人世侯中，有不少这样"为官一任，造福一方"的人物和事迹，郑氏家族算得上其中的佼佼者。

其次是屯城郑氏在阳城的别业和木牌坊。与兴修水利这一公的行为相比，造园林、立牌坊则展示了郑氏私的一面。据程天麟的研究，西池是屯城郑氏在阳城县城的别业。或许是因为明万历年间阳城县上庄村人、吏部天官王国光的关系，不少人误将位于阳城县西关的一处小型风景园林视为王国光的别墅和花园。这一点自然不假，但是了解底细的人才知道，西池最初是元朝初年忠昌军节度使郑皋的花园，内建水阁亭台、鱼

屯城村南明吏部尚书张慎言修建的同阁

池画廊，并种植着很多奇花异草、古珍树木，供郑氏居家游乐。直至明万历十年（1582）后，才由郑氏的后裔易为王国光的别业。郑氏经历了元代的显赫和改朝换代的痛苦之后，在万历年间已经无法守住自己祖先亲手传下来的家族遗产，不免令人有潮起潮落之叹。

郑氏在阳城还有一个必须要提及的地方，便是在县城最繁华的十字街处建造的木牌坊。地方学者卫纪慰考证说这个木牌坊原本是为旌表元代潞国公郑鼎而立的，建立者可能是郑鼎之子郑制宜。这个木牌坊建于十字街中心，因当时没有北街，实际上是个"丁"字街，所以只有东、西、南三面三个牌坊，围成一个方阁，这三个牌坊上面各有四个大字"宣忠保节"，下面有两行小字，写的是郑鼎的官衔"旌表元中书中丞金紫光禄大夫上柱国追封潞国公谥忠肃郑鼎"。然而，江山代有才人出，各领风骚数百年。民国八年（1919）的一场大火之后，郑氏木牌坊不幸被焚毁。遂由拔贡白秉昌出面，与郑氏后裔商妥，将这块地基转卖给白家名下，重建砖石牌坊，号称"八座双隆"牌坊，用以纪念白家祖先白所知、白胤谦叔侄两位尚书（二人分别官至明工部尚书和清刑部尚书）。于是，郑氏留给阳城的最后一点回响也随着郑氏木牌坊的焚毁消失在历史长河之中，渐行渐远，并逐渐被世人所淡忘了。

3.阳城下交原氏

下交村位于今阳城县南部的河北镇，析城山东北。村名与村庄所处的地理环境有关。村庄碑文中有"南北两河，中夹大阜，自东徂西，合为一水，因名下交"的说法，有"邑南巨镇"之称谓。村中现有国家级文物保护单位——汤帝庙。这座庙宇始建于宋金时期，历史久远，在下交人日常生活中曾经发挥了极其重要的作用。村民认为村庄的兴盛、是否出人才与这座庙的兴盛与否有着莫大的关系，因而历代均对其敬畏有加，不时尽力修缮，不敢有丝毫怠慢，正如村中碑文所言："人赖神以庇，神依人以礼，礼假庙以行"（嘉靖十五年《重修正殿廊庑之记》）。围绕着汤帝庙，村中有十二甲组成的社组织，并推选出若干名社首，管理祀神、修庙等公共事务。原姓是村庄大姓，因明正统、成化年间曾经出现过的一位杰出人物——南京兵部尚书、赠太子少保原杰而名声大噪。以原杰为代表，

下交汤帝庙石牌坊

原氏族人中涌现出一批科举仕进的人才，盛极一时，受到人们关注。本节将以下交汤帝庙碑刻为中心，并结合其他文献资料和研究成果，对下交原氏的兴衰过程加以梳理和评价。

（1）"科第缙绅辈出"的下交原氏

原氏最初并非下交土著居民，而是自外地迁徙来的。《阳城县乡土志》言：阳城之原氏，家世高平。其始祖原绍基，始徙居邑南之下交村。此言虽然没错，却只讲清楚了一半，缺乏另一半，即高平原氏又是从何而来？近日读田同旭教授《沁水史话辩证》手稿，对于下交原氏的来源问题又有一些新的认识。

据其考证，原氏得姓，与西周时周公分封的诸侯国之一"原国"有关。周文王第十六子原伯始封于河南济源，是为原国立国之始。鲁僖公二十五年（前635），晋国国君晋文公围攻原国。原国人因晋文公守信而主动投降。原国亡国后，晋文公将原国国君原伯贯迁往冀（今山西省河津

阳城县河北镇下交村汤帝庙外景

市）。之后，原国又从河津迁至沁水，并留下诸多遗迹。沁水人李瀚所编正德《沁水县志》中即有沁水"初为原国"，为"原伯故城"之说。田教授还提供了他在沁水新发现的五通明清墓志和碑刻，均能证实沁水为古原国之地的说法，并据此提出，初在河南济源之原国可以称为"前原国"，迁往山西河津之原国，可以称为"后原国"。山西沁水之原国属于"后原国"。不仅如此，研究者在实地调查中还发现了一些有用的线索，据沁水东峪乡团里村原姓居民讲：高平原村等地，阳城下交村等地，包括晋城、长子、潞城等地的原姓，都是从沁水东峪团里村迁去的。说法是否可信，还值得姓氏研究者去仔细推敲。不过，原国的迁徙过程，却提醒我们，原氏早期确实是从河南迁移山西河津，再迁至山西沁水，继而分布于山西各地的。

我们并不清楚，阳城县乡土志中所说的下交原氏始迁祖原绍基的有关信息从何得来。因缺乏家谱资料，只能从地方碑刻中去查找线索。目前可以找到的两条线索对于原氏初到下交的情况也是语焉不详：一是成化十八年，由阳城匠礼村人、天顺初进士、明代有名的清官杨继宗应原氏之请撰写的《重修下交神祠记》："下交地灵人杰，敬神向善，人知孝悌，俗尚廉耻，为仁为义之区，礼让之党也。……溯厥所自，风俗之美，由人才之隆。前代已远，不复暇论。"在赞美下交人杰地灵，原氏人才济济的同时，他对于原氏的过去，则用"前代已远，不复暇论"之语搪塞。另一个是嘉靖十五年，由官至南京户部尚书的沁水致仕官员李瀚，在八十岁时为下交汤帝庙所撰《重修正殿廊庑之记》，"乡之北阜，亦有汤庙，并各祠宇五十余间。乃辽大安年所建，实宋哲宗元祐元年也，迄今四百七十余年矣，久而必敝。原氏世居其乡，为大姓，科第缙绅辈出。"在李瀚眼里，下交原氏和下交汤帝庙的历史一样历时久远。下交汤帝庙在宋金时期即已建成，当时原氏是否已在下交村，还是颇多疑问的。因此李瀚说原氏"世居其乡"也多溢美之词，不足为据。

自原绍基而下到第三代原仲和时，原氏已经开始发迹。《阳城县乡土志》载："原仲和，为元沂州知州，升武德将军、河间万户府。"原

下交汤帝庙献殿碑林

氏似乎与同县屯城郑氏一样，均以军功起家，并担任武职官员，但是远没有郑氏那样令人瞩目、备受青睐。查沂州治所在今山东临沂。武德将军则是正五品的武职散官。河间万户府，按照元代官制，至少是从三品。如果将其与屯城郑氏相比，郑氏在有元一代自三世郑皋起至七世郑君用，共历五代人，贯穿元代始终。而下交原氏只有三代，显然原氏始迁祖进入阳城的时间应当是在入元以后的四五十年间。

据《阳城县乡土志》、成化十八年杨继宗撰《重修下交神祠记》以及嘉靖六年《下交汤帝庙拜殿石柱题刻》，我们可以大致整理出下交原氏在明代以来的发展谱系和科举入仕情况。其中，《阳城县乡土志》提供的明代原氏职官和代际关系，有助于廓清原氏家族谱系：

第四世：原亨，明永乐（1403—1424）中，由贡生任费县知县。

第五世：原矩，永乐庚子（1420）科举人，任大名县知县。

原瑢，正统辛酉（1441）科举人，任渭南县知县。

原杰，正统乙丑（1445）科进士，历任南京兵部尚书，赠太子少保，谥襄敏。抚绥郧阳，为当时名臣第一。

第六世：原宗纯，成化间贡生，任河南唐县知县。

原宗礼，景泰丙子（1456）科举人，任汝阳县知县。

原宗善，成化丁酉（1477）科举人，为秦王府长史。

第七世：原应宿，成化癸卯（1483）科举人，任松江府通判。

第八世：原轩，弘治壬戌（1502）进士，任浙江按察使。

第十一世：原从泗，贡生，任陕西凤县知县。

第十二世：原体蒙，副榜，任邵武府知府。

结合杨继宗的《重修下交神祠记》，我们可以大致补充并厘清上列名单之间的相互关系。当时，杨继宗显然与下交原氏的交情不浅，对原氏族人中涌现出的人才了如指掌。按照杨继宗的描述，原杰与原瑢、原宗礼和原宗善，均系"兄弟举人"，原瑢与其子原宗善，系"父子举人"。即使是管城驿宰原宗泰与原宗禄，亦是伯仲兄弟。尤其在原氏第五世的原杰和第八世的原轩，皆考中进士，是为原氏族人科举入仕的典范代表。

再据嘉靖六年《下交汤帝庙拜殿石柱题刻》，可知原氏第六代应当是以宗字辈为主，兼有个别的礼字辈，第七代为"应"字辈，第八代为"车"偏旁字辈和"仪"字辈并列，第九世为"一"字辈。由此可以补充出如下三个单独世系：

原瑢，举人，任大名县知县。长男宗善，举人，任秦府左长史。孙应奎，监生，任成安县主簿。曾孙轩，进士，任浙江按察使。妻梁氏，封孺人。次男宗儒，孙应，任庐州府经历。曾孙轵，玄孙一江。

原家礼，举人，任汝阳县知县。次男应宿，任松江府通判。

孙朝仪、廷仪、瑞仪，曾孙一鹏、一定、一缨。

原宗礼，举人，任汝阳县知县。长男应瑞，孙韬，科举增广生，曾孙原一正。

此外，还可以了解到的个别信息是，原亨为管城驿载原宗禄的祖父。《明史·原杰传》中有"录其子宗敏为国子生"的记载，可知原杰子为原宗敏，也是宗字辈。杨继宗从三个方面概括了下交原氏向上流动的途径，分别是：由科目而出者、由胄监而出者和由吏胥而出者。其中，科目就是参加科举考试而获得功名；胄监，是指国子监的生员；吏胥是指在地方官府中掌管簿书案牍的小吏。

嘉靖六年汤帝庙碑文

客观地说，原氏家族在元明易代之际成功地实现了一个由武转文的过程，并经过第四代原亨的积累，在第五代原杰、原瑢、原矩时代开始光耀门庭，出现一个进士两个举人。之后从六代直至十二代，皆有读书仕进的人才涌现。在有明一代共出进士2人，举人2人。这种科举业绩尽管无法与明代嘉靖、万历以后沁河流域新兴的科举世家如白巷王氏、李氏，润城张氏、阳城田氏、白氏，皇城陈氏等相比。但是，作为一个在元明易代以后依然延续

下交汤帝庙正殿

较长兴盛局面的家族而言，这已经是一个相当不俗的成就了。

（2）从汤帝庙的历次修缮看明中后期以来下交原氏的衰落

《阳城县乡土志》以"国朝以来，列庠序者不乏，登科第者寥寥"来概括清代下交原氏科举落寞的情形。其实，原氏的衰败自明中后期以来就已开始显现了。其中，最有代表性的便是原氏族人围绕汤帝庙的历次重建所发生的故事。在这些故事中，已经显露出下交村及其原氏家族颓败的端倪。

在此，我们可以采用纵向比较的方法，对比下交村围绕汤帝庙在明清以来发生的诸多变化。明成化十八年，在清官杨继宗撰写的《重修下交神祠记》中，碑文抬头尚有"乡贡进士文林郎汝阳知县本里后学原宗礼书丹；乡贡进士河南息县儒学训导本里后学原宗善篆额"。当时，原氏家族还可以找出两位举人身份的人出来支撑门面。到了嘉靖十五年，在邀请沁水名人李翰撰写《重修正殿廊庑之记》时，原氏似乎已经找不出一个可以和李翰地位相配的自家人来作篆并书丹了。于是勉强找了个乡贡进士李裔芳做篆，廪膳生员郭昌书丹。在同年另外一通碑文《重修乐楼之记》中，

下交汤帝庙戏台

下交汤帝庙线刻宋代官员图

作者王玹是弘治十年进士，历刑部侍郎、山东左参政，与总理下交村汤帝庙社事的原应轸"有姻戚之谊，又布衣时同游邑庠"。正是这层姻亲加同学的关系，才会应邀撰文。这次，为碑文篆文书丹的是"乡贡进士文林郎杞县知县邑人白鉴"和廪膳生员王锴。

康熙五十二年，下交村汤帝庙《重修大殿碑记》由后起之秀，阳城县东关人，"赐进士出身通义大夫都察院左副都御史仍兼光禄寺正卿邑人田从典"撰文，邑庠生原景书篆，邑庠生原成书。康熙五十九年，《重修东□神祠碑记》由大清相国陈廷敬的七弟陈廷弼之子，"赐进士第翰林院请书庶吉士泽州陈随贞"撰文，邑庠生原观光篆，邑庠生原展书。

从成化十八年到康熙五十九年，为下交汤帝庙撰写碑文的先后有杨继宗、李翰、王玹、田从典、陈随贞五人。这些人个个都与下交原氏有交情，或为同学、或为朋友、或为姻娅关系。表明在这个时段，下交原氏十二代祖先积累下来的人脉、声望和影响力还是存在的，还可以和当地有名望的人物有所来往。但是自清雍正以降，下交村的碑文中再未出现过这些名重一时的人物了，下交原氏的影响力开始下降了。

雍正四年《重修卤庑之记》，由"赐进士出身吏部候选知县钦授大同府行都司阳高卫儒学教授王敬修"撰文，邑庠生原景苏篆，原玫书。雍正七年《下交村重修庙记》，由赐进士出身文林郎原任监察御史加一级邑人田嘉穀撰，邑庠生杨培篆，邑庠生原玫书。其中，阳高卫儒学教授，监察御史均是正七品的低级官员，已经无法和前述五人相提并论。乾隆以降，下交汤帝庙的碑文中，甚至连带品级的官员都无法寻觅得到了。乾隆三年《重建东亭记》，干脆由邑庠生原玫直接撰文，邑庠生原玠书，不请外人了。乾隆十五年《重修舞楼西亭角房碑记》，由丙辰科举人吏部拣选知县李济远撰，邑庠生原玠篆，邑庠生原祚甸书。嘉庆二十二年《重修拜殿西庑碑记》，由丙子科副榜中州张位东撰文，邑庠生原道庸书。道光十年《重修外院东南群房碑记》，只是由太学生原丰兆撰书，道光十四年《增修文昌阁记》，也是由邑庠生原麟兆谨志。

事实上，自康熙五十二年以来，下交原氏读书仕进的道路已经阻塞，能够识文断字的充其量只是一些县一级的庠生、廪生等受过初步教育的人。可以说，此时的下交原氏已经"泯然众人"矣，再也不是当年李翰所言"科第缙绅辈出"的光景了。同治六年汤帝庙内一通《买地公约》中记述了当时村里风气变坏的情况，"无如世风不古，人心日伪，吝啬者隐匿不报，贪婪者地契邻村，因而社分月减日少，祀神之资由此而艰难。"与成化十八年、嘉靖十五年相比，已经判若两人。此碑后列"八甲绅耆"名单中，原氏族人中均为最低等级的文散官和增、廪生之流了：增生原廷璧、登仕郎原道壮、登仕郎原根山、登仕郎原桂山、登仕郎原道华、廪生原之琳。

下交汤帝庙正门

　　科举仕进方面的失败，人才的日渐平庸，也影响到汤帝庙的历次重修。在阅读汤帝庙碑文中，可以深切地感受到。在明成化、嘉靖时代，下交原氏纠集村中鱼氏、孙氏三大姓戮力同心，有钱出钱，有力出力，努力营建家乡这一事关文脉、官脉、风脉的汤帝庙的热闹场景。在明代的历次修建中，从未发生过太大的经费困难问题。即便是在嘉靖十五年，原氏开始衰落初期，致仕归来的原应轸还有一定的经济实力，在修庙经费问题上，提出"财力之费，我固先之。如难独济，何责分尔辈，尔克胜乎。……然先自出白金十两，以鸠工经始其事。"可见，当时原氏族人还有一定的实力从事汤帝庙修缮工程。

　　然而，入清以来，和汤帝庙有关的十二次维修工程中，每次都要为经费困难而发愁，于是原氏族人不得不发明了一种摊派的办法，从每家每户夏秋收获之中扣除维修所需钱粮。这就表明：在下交村最具有象征意义、在原氏族人心目中最为神圣的汤帝庙，此时已经处于一种苦苦维系的状态。如康熙五十二年春《重修大殿碑记》有："但工费浩繁，难以卒备。且恐人心涣散，工役财物之用多寡不均。遂金议于秋获之后，按其所获，每谷豆一石出不满天数升。"康熙五十九年《重修东□神祠碑记》中再次提及筹措经费的事情，"于夏秋抽收不满天者四，按其所获之丰歉，定为收取之多寡。使富不独轻，而贫不苦重。"雍正四年《重修卤庑之记》："于雍正甲辰秋获之后，每谷豆五十而取一。于是施不觉其难，取者得赡其用。"雍正七年《下交村重修庙记》："夏秋收获，每户量输麦粟，积百石。"可见，这种筹集维修经费的方式经过康熙、雍正时期的多次实践，已成为一种定制被传承和延续下来。即便如此，汤帝庙的日常维修依然是困难重重，以至到了无人问津的地步了。如道光十年《重修外院东南群房碑记》："仅有贮积香资钱拾千文，木难支厦，因又举董事八人，照社摊费，每分社七十文之数"。同治十年《补修各殿檐头并庙外大路碑记》中，撰碑者发出"从来创修难，增修亦难，而补修更难。……久欲补修而任事无人"的感慨。

二、显赫一时：明代阳城白巷里的大姓望族

"白巷里"是明代润城镇上庄、中庄、下庄三庄的总称，望文生义，这个名称当与明清里甲制度有关。很多研究指出，明以前这里并不叫"白巷里"，而是唤做"黑松沟"。究其原因，当地冶铁业比较发达，早期来到这里的人，既看中了这里有煤、铁出露的资源优势，又看到这里有可以炼铁的木材，方便就地取材。因此人便越聚越多，逐渐散布于三庄所在之地。由于整条沟中到处都建有冶铁炉，到了夜间火光冲天，形同白昼，故人们又称其为"火龙沟"。

中庄村的白巷里匾额

与三庄相去不远的润城镇，也有类似情形，由于冶铁业兴盛，曾有"铁冶镇"的叫法。以煤铁经济为基础，加之位居沁河河畔这一便利的交通条件，润城、三庄便成为明清时代阳城东乡最富庶的地方。经济基础决定上层建筑。润城镇繁荣的工商业经济基础，带动了这里人文的兴盛。有研究者统计，明清时代白巷里三庄共诞生了15名进士，15名举人，45名贡生，237名秀才，实可谓"人才荟萃"之地。至今，在润城镇所在周围十里八乡，人们口头上仍流传有一支妇孺皆知的顺口溜，称赞这里人才集聚的盛况："郭峪三庄上下佛，秀才举人二千五。如若不够数，小城寨上补。"晋城

上庄村永宁闸

作家田澍中先生更是用"阳城王气在东乡，东乡王气在润城"来赞美明清时代这里浓厚的读书仕进氛围。本节将以上庄王氏、中庄李氏和下庄杨氏三个姓氏为例，讲述明清以来这里发生的家族兴衰荣替的历史。

1. 上庄村的王国光家族

王国光（1512—1594）是上庄村的名人，也是沁河流域的名人，更是明嘉靖、万历朝的名人。以他为中心，辐射和带动了沁河流域一大批名门望族，影响至深且巨。沁水窦庄的张五典家族，湘峪的孙居相、孙鼎相家族，西文兴的柳遇春家族，阳城屯城的张升、张慎言家族，润城张瑹、张敦仁家族，皇城陈廷敬家族，郭峪张鹏云家族，等等，都与他及其兄弟子侄沾亲带故，或为世代之交，或为儿女亲家，或为门生故吏，多有往来，在沁河流域形成了一个庞大的读书、科举、经商、做官的人际关系网络。

王国光像

前有王国光，后有陈廷敬，接续起沁河流域精英家族实现向社会上层流动的畅通渠道。

沁河流域走出去了多少人才，在属于他们的时代做出了多少丰功伟绩，这些课题在以往研究者的著作中多为人所提及，毋庸赘述。笔者在此希望换一种视角来看待这些名人和精英群体，亦即将注意力从最具吸引力和高光度的人生瞬间，转向透视这些精英人物身后的家族。不仅注视他们取得的成就，更关注他们集体谢幕之后，家族重新归于平淡的寂寥和际遇。唯其如此，才能构成一个整体的视角。也更有助于我们去认识、把握荣耀与衰败的关系，去从容地选择应有的人生态度和发展道路。

（1）上庄王氏进入沁河流域后的科举成就

王国光是上庄王氏的第九代裔孙。道光三十年（1850），上庄王氏第十八代孙王道亨，在翻阅其十二世叔祖王远机手订《王氏本支宗谱》时，看到一段记载王氏祖先来历的话，"吾王氏家世始迁本潞安府小石桥，继迁居可乐山，三迁至白巷里。"现存明嘉靖年初修，由王国光命其弟王化所修的上庄《王氏族谱》中有记载说，"先世太原，五迁而籍白巷，以农事起家。祖父积德累仁，传六世至遵公中亚元，□斯文统"。两相结合后可以发现一个清晰的线索，即上庄王氏的先祖当是从太原辗转经过潞安府小石桥之后，抵达沁河流域的可乐山，最后入籍白巷里的。

两条文献存在的争议究竟是"三迁"还是"五迁"的问题。"三迁"容易理解，"五迁"则令人疑惑。对于王氏的来历，《阳城县乡土志》中还有另外一个说法，所谓"白巷里上庄王姓，其始祖自明初由高平赤土坡迁居于此"。这里就涉及两个地点，一个是"潞安府小石桥"，一个是"高平赤土坡"。如

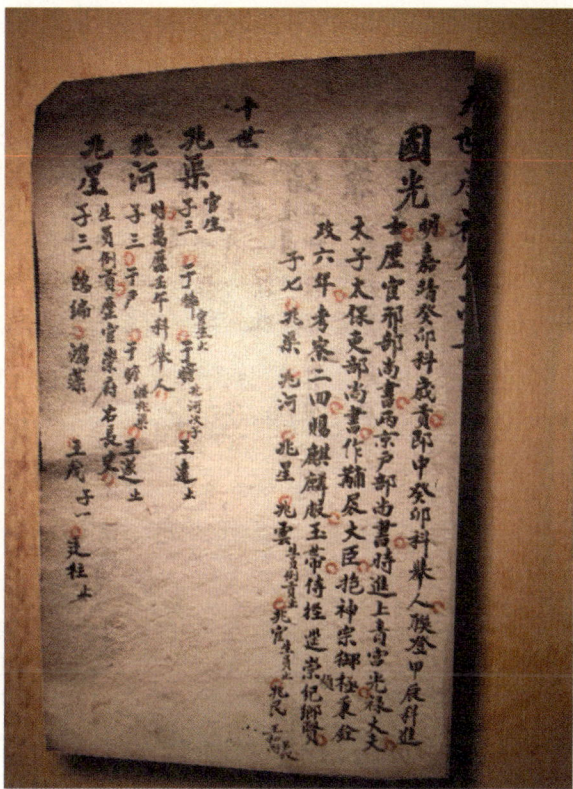

王国光家谱

果从中国移民史的角度来看，这些地方就如同"洪洞大槐树"、"南雄珠玑巷"、"南昌筷子巷"，等等移民点一样，都不过是历史上官方移民派发川资的一个移民聚集地和出发地，不一定会有实际对应关系。撇开这些问题不谈，王氏进入沁河流域的年代应当是在元末明初。这一推测也可以得到三庄居民的认可。在润城三庄，据先辈们传说，以李、曹、孔、杨、王等五姓到此最早。其中，李、曹、孔三姓之祖先为黑松沟时期最早定居者，亦为金、元时期三庄最早的创建人。而孔姓在明中期以前，户丁已所存不多，明中期以后竟已无人。杨、王两姓及九甲曹姓之来，均在明初。段姓、毕姓、中庄卫姓之来为明后期。清初又有刘、延、张、石诸姓迁来。其余各姓多在清朝中期嘉庆、道光以后和民国年间迁来。因此，本章关注的王、李、杨三姓中，李姓迁入最早，在金元时代。王、杨二姓系明

初迁入，是在明初大槐树移民背景下进入沁河流域的。

此外，在沁水县还流传有王国光祖上曾在沁水南阳村居住的说法。据南阳村王氏族人王瑞玉、王鑫荣撰写的家谱中说，明代万历朝吏部尚书阳城上庄人王国光的原籍与南阳王氏有渊源，和王国光同时代的明万历年间的南阳王氏也是"国"字辈，王国光祖上可能是南阳人。至今在沁水南阳村还流传有王国光罢官后回到南阳的故事：据说王国光任职期间，由于宫中争斗激烈，多次遭到弹劾，被迫返乡南阳。回家后，首先在村民的帮助下修建了家庙也就是现在的南阳村玉皇庙。王氏族人说庙中北大殿房脊上的五凤楼就是他从京城专程运回来的。因为朝中有人一直想置他于死地，也暗中派人跟踪他回到南阳，并到处传播一些王国光在朝中犯错等不好的传言，家族里的一些人也隐隐约约听说了他在朝中犯了大罪以致被罢官回家的事。一些胆小怕事的族人怕株连九族，便到处传播恶言，最终把王国光一家赶出了南阳村。王国光一家迫于无奈，躲进了南阳村附近南沟的一个山洞里，也就是现在阳城县界内上河村的王国光洞。待事情平稳后，他才带着全家人迁到了阳城县润城镇的上庄村定居。这一说法和上庄王氏家谱中的说法是有冲突的。关于王氏祖上如何从太原迁徙到沁河流域并最终定居白巷里上庄村，这个过程或有待于进一步厘清。

王氏到达沁河流域之后，最初是以农事起家，直到王氏第六世，也就是王国光的曾祖父王遵辈，始打破王氏沉寂多年的局面，成化十年（1474）他乡试中举，成为上庄村有史以来科考第一人。不少研究者望文生义，非说王遵是乡试第二名，故称亚元。其实按照明清以来的科举制度，乡试第一名称为解元，而亚元是对第一名以下所有成绩合格之中举者的一种恭维性称呼，并非单指第二名。无论如何，"王遵中举"揭开了上庄王氏子弟、族人科考入仕的序幕。

此后，王氏先后有第九世王国光，在嘉靖二十三年（1544）中甲辰科进士，名列"三甲二百二十六名"名单之中。需要清楚的是，"三甲"是古代科举录取的三个等级，是殿试中榜进士中的末等即三等。一甲是前三名，即状元、榜眼、探花。二甲、三甲数量不等。其中，一甲赐进士及

上庄村庐峰院内的王氏科第题名碑

第，二甲赐进士出身，三甲赐同进士出身。因此王国光应当是同进士出身。自王国光以后的200余年之中，王氏家族共有五人中进士，这已经是非常可观的科考业绩了。嘉靖四十四年（1565），王氏第十世孙王淑陵中乙丑科进士，名列"三甲三百一十四"名单中，同乃叔王国光一样，也是赐同进士出身。天启五年（1625），王氏十一世，王国光的侄孙王征俊中乙丑科进士，名列"三甲二百四十名"之中，同样是赐同进士出身。王氏另外两名高中进士的后人，分别是顺治丙戌年的王氏第十三世裔孙王兰彰和王润身。顺治三年（1646），在北京举行的清代开国首科会试中，阳城有张尔素、乔映伍、田六善、杨荣胤、王润身、王兰彰、王克生、卫贞、段上彩、赵士俊十人同榜高中进士。阳城人对十人同科中榜深以为荣，在县城街头建立牌楼，上书"十凤齐鸣"以示祝贺表彰。其中，除张尔素为二甲进士出身外，其余九人均为三甲同进士出身。进士以外，还有举人4名。除开科考先河的六世祖王遵外，嘉靖二十五年（1546），与王国光同辈的第九世王道，在丙午科乡试中举；万历十年（1582），王氏第十世王兆河，王国光的嫡次子，在壬午科中举；万历十三年（1585），王氏第十一世王洽，在乙酉科中举。

上庄王氏科第题名碑

上庄王氏以科举立家。从明成化十年（1474）开始直至顺治三年的172年当中，上庄王氏共有八代九人科考成功，并由此步入仕途，最后形成以王国光为代表的一批官僚、士绅群体。据当地人统计，明清时期，王氏家族一共产生了5名进士、6名举人、25名贡生、60名秀才、1名武举、1名武秀才、8名礼部儒士，其他任杂职的如县丞、侯门教胄、经历、布政使知印等12人。家族成员出仕入官者，达20多人。

喧嚣一时之后，终将归于平寂。王国光由于参与了张居正的万历新政，历经宦海沉浮，晚年饱受政敌迫害，只是凭借其聪明机智，才保得善终。明史对此有记载说："国光有才智。初掌邦计，多所建白。及是受制执政，声名损于初。给事中商尚忠论国光铨选私所亲，而给事中张世则出为河南佥事，憾国光，劾其鬻官黩货。国光再奏辩，帝再慰留，责世则挟私，贬仪真丞。及居正卒，御史杨寅秋劾国光六罪。帝遂怒，落职闲住。已，念其劳，命复官致仕。"正是这样的官场阅历，使他对仕途险恶有切

万历五年王国光捐资倡导修建的阳城县城墙

修葺一新的阳城南城城墙

肤之痛。他的儿子王兆河在万历十年（1582），也就是万历新政的主持者张居正猝然离世的那一年，考中举人后并未做官，是为明证。

上庄村庐峰院关帝庙

（2）陈廷敬岳父王祚启自撰墓志铭所见上庄王氏的衰落

清代，沁河流域继王国光而起的陈廷敬，因娶了王国光的玄孙女，因而成为上庄王氏的玄孙女婿。王祚启就是陈廷敬的岳父。此君生于万历三十年（1602）二月二十一日，卒于康熙四年（1664）正月初六日，享年62岁。在他44岁的时候，即崇祯17年明朝皇帝自缢煤山的那一年，他给自己撰写了墓志铭，颇有与明王朝同亡的遗老情结。他说"兹四十有四，谢世离群，不可预期"，还自编铭文曰"一介王生，为冢宰孙。处非其世，生亦未辰。少不力学，长无成名"云云。似乎有些自暴自弃、悲观厌世的情绪。之所以要这么说，恐怕还要从其坎坷的人生经历说起。

在这篇墓志铭中，王祚启先回顾了自己显赫的家世。他说："慨余王氏，四公为可考本源。至曾祖公国光，官三公，继一品。夫人曾祖妣，生孝廉祖公兆河，为嫡次子，配大参张公升女，生长子庠生考公于尹，配沁水韩银台公范女，生祚启，名祖命也。外伯南司农张公慎言字之开美，后自号岢长。"读完这段话，对于王祚启的身份确实非常感慨。他的曾祖

王氏子弟读书的上庄村庐峰院内碑额

父王国光是朝廷一品大员，他的祖父王兆和是举人，娶了屯城村张升的女儿。屯城张氏在明清时代的沁河流域也是显赫一时的。张升为明嘉靖庚戌年三甲进士，同进士出身，官至河南参政，从三品，是王祚启的曾外祖父。他的父亲王于尹，娶沁水人韩范之女为妻。韩范（1556—1625）是沁水郭壁村人，万历丙戌科三甲进士，同进士出身，官至右通政，俗称"银台"，系正四品官职，是王祚启的外祖父。王祚启又说，自己的名字是祖父王兆河给起的。字"开美"，是外伯父张慎言（1578—1646）所起。张慎言是南明吏部尚书，屯城张氏的杰出代表。之后王给自己起了个号，曰"岕长"，岕本身是指比较长的山沟，因此"岕长"应该是指特别长的山沟之意了。总而言之，王祚启可以说从小就生长、生活在一个满是读书人和官员的富贵门第。按照常理，这么优越的家庭环境，是一般人根本无法比拟的。

上庄村王国光府邸

可是，王出生的年代已经到了明朝晚期。自张居正改革失败以后，朝政日趋腐败，党派林立，党争迭起。在此过程中，王氏家族成员及其身在朝堂的姻亲故旧也难免被波及。据王祚启自述，他幼年体弱多病，因父亲王于尹懂医术而"赖以有生"。在他七八岁的时候，父亲去世了，留下母子二人相依为命。祖父王兆河晚年还要照顾其母子，所谓"抚我孤呱之子，尽见含酸之曲"。1622年冬，其祖父王兆河离世。1627年，因王祚启的小叔父王于瞻被过继给他的大祖父王兆渠，不知什么原因，其大祖母裴氏竟"缢绝中堂"，以至"一时言者，后渐移责于余"。此时他才二十岁，面对如此变故，他在墓志铭中讲："祚子子一身，出而应人间事，入而伴孀母啼。冰炭未作，世上风波屡到门中，左支右吾，偷生旦晚。……余纤得太宰遗润，竟成见睨之冰也。"意思是他家门迭遭不幸，自己非但没有得到祖上王国光的遗润，反而被家人冷眼斜视。紧接着他的外祖父韩范，因不满于魏忠贤"排斥异己，专权干政"而弃官归隐，不久离世。同时，与韩范同朝为官的沁水同乡，官至南京户部尚书仓场总督的孙居相，则因给事中杨时化（阳城下伏村人）给他的信中有"国事日非，邪氛益恶"之语受到牵连，被下狱并谪戍边，崇祯七年卒于戍所。这两件事使王祚启受到很大刺激，他说"启之二天既坠，志以必死自期"。绝望之时，他的外伯父张慎言被贬回乡，在与张交流后，其苦闷的心情暂时得以平复。而此时他的家境已到了勉强糊口的地步，所谓"此后体庇仍在之庐，家食仅存之亩"。崇祯二年（1629），他获得"生员"称号，崇祯五年（1632）他参加科考失利，"几同庶姓"。当年秋天始，席卷沁河流域的陕西农民军骚乱和瘟疫便接踵而至了。于是，他的母亲和妻子带着两个儿子王大任和王大受跑到阳城县城避难，他自己则逃奔王村西山，差一点罹难。在逃亡中听到有熟人叫他，遂循声而去，一起藏到山洞里躲避，由此躲过一劫。崇祯六年，他又不幸染上瘟疫，病中梦见自己在阎王殿中，被告知自己要死了，但马上又被告知自己还有使命没有完成，尚不能死。梦中醒来后病情刚减轻，其母亲旧病复发，不幸过世。于是他竭尽心力，埋葬了母亲，却没有能力将父母亲埋到一起，所谓"终天余恨，自揣良多"。之后沁河流域又发生了大的饥荒，所谓"后此奇荒迭至，家不给食矣。"1644年，甲申之变，李自成农民军攻入北京城，明王朝灭亡。身为明朝遗老的他，也有了与明王朝同归于尽的想法，诚如其所言，"仙以长生曰贵，启以生不如速朽为慰。以永年快快，我所不作此痴痴想。吁！启王氏华胄耳，他人不胜不可得，启复不可一朝脱？"

王国光书法

从王祚启的这则墓志铭中，不难看出，王祚启出生的万历三十年，其曾祖父王国光刚刚过世8年，其直系子孙就已经处于比较困难的境地，加之明末的党争、农民起义和天灾的影响，王氏已经失去了往日光彩夺目的那一面，转而成为普通的平民百姓家庭了。尽管如此，王氏还是努力通过与沁河流域后起的一些大姓望族联姻，以维持其家族的荣耀。王祚启的祖辈、父辈是这样做的，在他手里也在努力维持着这一传统。王祚启的妻子，是阳城县廪生杨宝的女儿。他的长子王大任，娶杨宝的仲子廪生杨道光之女。次子王大受，与白巷里下庄杨氏结亲，娶下庄庠生杨于廷之女。其女儿，则嫁给了陈廷敬。陈廷敬作为上庄王氏的乘龙快婿，对于王氏而言自然是最好的姻缘。

2.由商而官的中庄李氏

（1）双塔主人李思孝和他的家族

过去研究者在论及白巷李氏时，经常会提到一个名叫李思孝的大商人，并将其作为泽潞商人的典型代表。在现存白巷李氏族谱中，我们就可以找到此人的名字。他是白巷李氏长门第九世，族谱里记载说他有一个"七品散官"的头衔，研究者说这是他在经商致富后花钱捐来的头衔。

说到李思孝，人们一般会述及三方面内容：一是说他有很高明的经商才干。他经营的是铁货生意，因为阳城是明清时代有名的冶铁中心，具有地域竞争优势。明成化《山西通志》中记载："铁，唯阳城尤广。"有首《打铁花行》的小诗称："并州产铁人所知，吾州产铁贱于泥。"早在明洪武初年，阳城全县生铁产量为115万斤，居全国各省铁产量第五位。到天顺年间，阳城"每年课铁不下五六十万斤"。李思孝能将沁河流域的铁货生意做到河南、山东、安徽等地区，家累巨万，但其究竟有多少钱没有人给测算过，估计也不容易算得出来。二是说他经商致富不忘本，经常救济乡里，从事慈善事业，获得很好的名声。最突出的事件就是捐巨资修建了海会寺双塔。对此，家谱中有记载说："公曾修功德院于海会寺东，内建浮图二，费金十一万有奇，故亦自号双塔主人"。此处的"十一万"有误。参考相关研究可知，李思孝从嘉靖四十年（1561）至隆庆六年（1572）历时11年，斥资6000两白银，在村东3里处的海会寺，建十三层琉璃如来塔一座，修佛殿20余间，塑金身佛像数千尊，印裹彩佛经数万卷。其三是说他发家后很重视家族教育，扶持兄弟子侄们读书学习，科考仕进。不仅自己"以赀授品官"，而且延师兴学，为子弟们营造了良好的读书环境。他在村中办私塾，在海会寺办书院，把李家子弟及周围村落的人才均吸引到了这里。李氏族人中，李可久和其父李豸均曾在此寒窗苦读并考取功名。兹有李可久的《重修龙泉寺伽蓝中殿记》说："家君西谷大夫旧游于兹，潜心大业，余少时亦尝读书于中，先后相继登第，发轫于此"。西谷大夫就是说李可久的父亲李豸。不仅如此，上庄王国光也是

李家子弟读书的海会书院

在海会书院读书后考上进士的，不过他比李豸晚了一科。此后，上庄王氏和中庄李氏子弟在科考中此消彼长，无形中形成了一种良好的竞争氛围。这种环境对于白巷里人才的涌现也是非常有利的。

　　对教育的重视，使白巷李氏科考取得了良好的成效。1534年，李思孝的弟弟李思恩，在嘉靖甲午科夺得亚魁（全省乡试第六名），是为李氏子弟科举之发端，后官至湖广郧阳府同知。1541年，李思孝的侄儿李豸，中嘉靖辛丑科进士，官至山东左布政使。李氏拔得头筹，比他的乡邻上庄王国光还要早三年。其后，李豸的儿子李可久也于嘉靖壬戌（1562）中进士，与父亲开阳城父子同中进士之先河。李思恩是李氏长门第九世孙；李豸和李可久分别是李氏长门第十和十一世孙。此后，李氏族人中继续保持着这种考进士的势

李思孝独资捐修的海会寺琉璃塔

头：李春茂，李氏二门二支第十世孙，万历甲辰进士，官顺天府府尹，加都察院右都御史；李养蒙，李氏二门三支第十世孙，万历辛丑进士，历任湖广按察司副使；李蕃，李氏长门第十二世孙，崇祯庚辰进士，陕西朝邑县知县；李煜，李氏二门三支第十三世孙，康熙己未进士，候选知县。白

中庄李家大院"布政使"门楼

李氏族人科第仕途及诗文牌楼

巷李氏的科考事业从嘉靖十三年至康熙十八年，前后兴旺145年。这一辉煌业绩的取得，离不开李氏家族早期经商所打下的良好基础，亦可谓明清时代沁河流域重视教育，科举入仕之典范。

（2）白巷李氏的世系创修与合族历程

李氏是最早进入白巷里的姓氏，但是究竟何时迁来，已经无法弄清楚。康熙二十八年白巷李氏合族谱序中，就对此有交代说，"吾李氏迁居白巷，占籍首甲，远则金元，近则明初，不过三四百年间耳。"这里用"远则金元，近则明初"这么一个含糊的时间概念来表达，也是无奈之举。因此，对于李氏而言，最为重要的是解决好当下和将来如何发展的问题。族大人繁之后，如何继续保持这种积极进取的势头，敬宗收族，缅怀祖先，激励后辈，便成为李氏族中精英刻意思考并解决的问题。现存光绪三十二年（1906）《白巷李氏族谱》中保存了白巷李氏自明嘉靖二十二年直至光绪三十二年间总共11次修谱活动的记录。以此为基础，我们可以对白巷李氏的来龙去脉有一个细致的分析和深入的了解。

白巷里李氏族人开始有修谱的行为，始于嘉靖二十二年（1543）。当时，李氏族中已先后有李思恩和李豸分别考中举人和进士，步入官宦人家的行列，中庄现存李家大院，就是做官后的李豸所修。修好了宅院之后，紧接着便有了修谱的内在需求。就外部条件而言，经过嘉靖初年大礼议之后，民间修谱活动日渐增多，只要经济实力尚可的家族均很重视修谱工

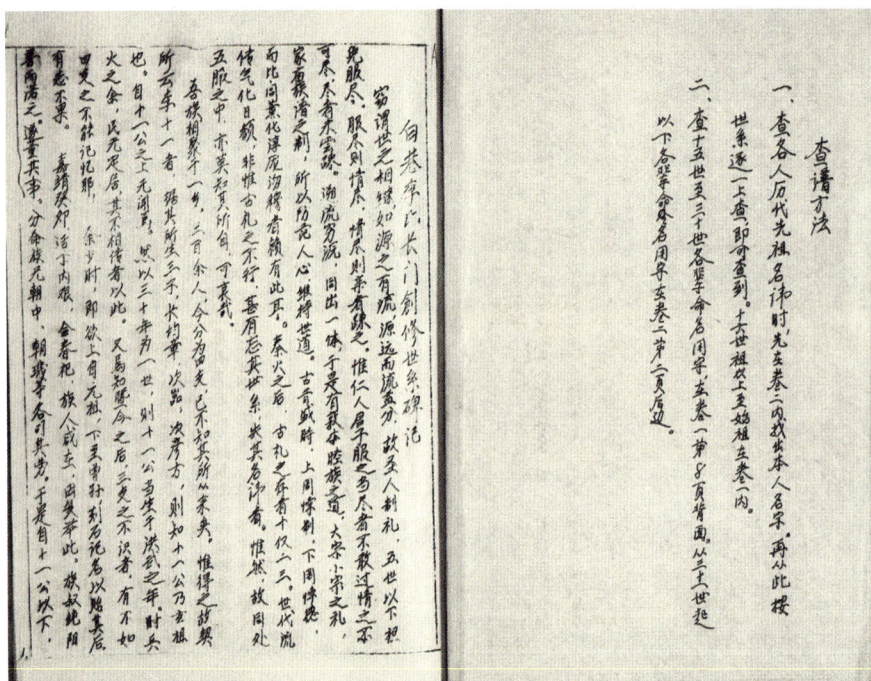

嘉靖二十二年白巷李氏长门创修世系碑记

作，形成一种相互攀比之风。因此对于白巷李氏这样一个有钱有势的家族而言，修谱遂成为一个水到渠成的话题。然而，由于李氏进入白巷里后，并未开展过此类活动，当时面临着重重困难，一无资料积累，二无经验可循，因此只能在李氏各门中先行试验，最初的修谱活动仅限于李氏之长门、二门和三门，任务是清理各个分支的世系，并未将李氏全体族人均包含其中。

嘉靖二十二年首次修谱活动的组织者是李家第一个读书中举的人——

中庄李家大院

李思孝的弟弟，正五品官员李思恩。他在《白巷李氏长门创修世系碑记》中写道，"吾族相聚于一乡，三百余人。今分为四支，已不知其所以来矣。惟得之故契所云，李十一者，据其所生三子，长均章，次嵩，次彦方，则知十一公乃玄祖也。自十一公之上无闻焉。然以三十年为一世，则十一公当生于洪武之年。"可见当时白巷李氏已有三百余人，而且他们内心也很清楚，这三百多人是分成四支的。对于何时分四支，为何分四支的原因，已经没有人知道了。实践中我们看到，针对长门的这次族谱创修活动，所依据的只是族人手头收藏的一张"故契"，且具体年代不详。人们由此得知"李十一"生有三个儿子，并以三十年为一世的假设，推算出李氏长门祖先"李十一"生活的年代可能是明洪武年间。以此为前提，"于是自十一公以下，三而七，七而十八，十八而三十七，三十七而七十以及子侄之未定者，凡八代世系编名定次，自源祖流，统括于一"。修谱的结果，就是将始祖李十一以下李氏长门八代129人编入系谱，由此完成李氏长门世系的创建工作。可见，嘉靖二十二年李氏长门世系并不是建立在有切实可靠证据的基础上，而是修谱者根据经验推算出来的。这种由修谱者倒着往上推算的方式，在之后其他分支世系编修中也屡屡被使用。需要注意，李氏长门以十一公为顶点，共编出八代人的世系。这八代世系便成为康熙二十八年李氏合族时的一个重要依据。

在这一工作激励下，李氏二门、三门的世系创修工作也相继开展起来。万历三十八年（1610），李氏二门第十世孙，正四品官员李养蒙完成《白巷李氏二门创修世系碑记》。在这篇碑记中，他很明确地说自己是效仿族伯前贤李思恩的，"因忆族伯亚魁保轩公曾以渠支勒石志之以垂不朽，窃欲效之。"接着他又说，"余族上赖祖宗积善衍庆，支派盛繁，析为四支。支各百余人，间有不认识者，求其总支之祖，父老亦茫然莫知。"可见，作为二门的李养蒙也同样知晓李氏全族共分四支这一客观事实，但除此之外就什么也不知道了。对于李氏二门而言，"惟所称八公者，则余本支之始祖也。……于是推其始祖八公位于上。公之三子则十九

李家大院古宅院三层楼建筑

公、二十公、克成。由兹而下，各列左右而分翼而能递之，子而孙，孙而子，子子孙孙派而衍之。大都由三而十二，由十二而至六十四，以及子孙之未定者，凡九代，编名定次。"这一做法和李思恩完全一致。不同之处在于二门始祖被定为一个叫"八公"的人，以之为顶点，将二门的80名族人编成九代，形成李氏二门世系。同样要注意，这里以八公为顶点，将李氏二门共编出九代世系。这同样是康熙二十八年合族谱编修的重要依据。

崇祯二年（1629），生员李四友撰成《李氏三门之二门创修世系碑记》。康熙九年（1669），生员李甲寅完成《李氏三门之二门创修世谱序》，李四友是李氏三门第十一世，李甲寅是李氏三门第十二世，二人是父子关系。李甲寅之所以要撰写和他父亲李四友名称几乎相同的这篇文章，主要基于两个原因，一是他要续修李氏三门世系，二是李四友碑记中有些地方语焉不详，交代得不够清楚。据李四友碑记中言，"白巷之有李氏，流传久远，宗叶蕃茂，迄今谱牒不存，已莫考其所自始。第习知始祖下分为四支，曰后街，曰麻地，曰下院，曰场西。村之西岭有先世坟墓，虽共祖之而多蓁荒不火，就中亦仅可识其近世。……先世有十三公者，下院支之派也。自公之世析为四支，公则崖上一支焉。"李四友在这里首次将李氏四支

中庄村的垆垌建筑

的具体方位和名称清晰地表达出来，即李氏四支分别是：后街支、麻地支、下院支和场西支。其中，下院支即是李氏三门，"李十三公"是下院支的始祖之一。紧接着说到李氏三门的情况，从"李十三公"起新出四个分支，"崖上支"就是四个分支之一，而李十三公就是"崖上支"的始祖。另外三个分支的情况，李四友的碑记中没有讲。这个情况，在李甲寅撰序中有讲述，他说，"先大人搜其四支之共祖而不可得，搜求一支之共祖而又不可得。无奈据所知为崖上一门者，始十三公。公之子则又无塚无碑，复不知其名。孙讳友谦者，则先大人之六世，至余七世也。"就是说当时李四友在修三门世系碑时能够确定的只有两个事情：一，李十三公是崖上支的始祖；二，李友谦是李十三公的孙子。从李友谦以下至李四友共六世，至李甲寅共七世。关于李氏三门四支的情况，李甲寅做了清楚的梳理，"先世皆力农服贾，至先仲伯父及先大人始获青其衿，所以有下院之分祖，又莫得传其名讳。但知一支析为四门，一为庙底，一为崖上，一为后圪套，一为灰沟口。余则崖上一门也。"这就是李氏三门的基本信息。就李氏三门崖底支而言，他们以李十三公为顶点，到李四友这一代时，共编出八代世系。这也同时是康熙二十八年合族谱编修的重要依据。

至此，白巷李氏长、二、三门分别完成了各自世系的创修工作。其后的明末清初，他们又分别完成了各门世系的重修。其中，李氏长门续谱工作完成于崇祯元年（1628）夏，主持者李蕃，系李氏长门长支第十二世孙，身份是崇祯十三年（1640）三甲进士，陕西朝邑县知县。但是由于《李氏长门重修阖族世谱记》系崇祯元年所撰，当时李蕃尚未考中进士，因此有理由怀疑李蕃的这个身份可能是后来续谱者加上去的。《李氏二门重修世系碑记》是由李春茂主持完成的，李春茂是李氏二门二支第十世孙，身份是万历三十二年三甲进士，正二品官员，官至都察院右都御史仍管顺天府尹事。相比之下，李氏三门势力相对弱小一些。《下院支重修族谱序》是乾隆四十二年恩贡生李广业所修。其中"下院支"即是指李氏三门而言。查白巷李氏族谱可知，李广业是三门二支第十五世孙，生员，赐贡生。其父李维城是监生，平川军功议叙县丞，平生多盛德事。祖父李

崇祯年间修建的中庄阁楼

霨，太学生，乡饮耆宾。曾祖父，乡饮耆宾，敕修职郎。在李氏三门中也可谓是四代读书，有一定的科举功名和地位。很有意思的是，李广业在重修下院支族谱时，按照他的理解，添加进一些新东西。"下院支"作为李氏三门，其下又分出庙底、崖上、后圪套和灰沟口四个分支。其中，庙底支始祖是十二公，崖上支始祖是十三公，后圪套支始祖是十四公。唯有灰沟口支，无片纸遗留，作为修谱者，李广业对此深以为憾。于是他做了一些大胆的推测和研判工作，"但阅下院支所绘图中，有与十二公同辈者无传，甚至中缺二世、三世，子孙莫能寻其绪，乃即先后之差等而推之。幸有余九世祖，讳宪者也，可征也。……虽宪祖以上固无可考，而宪祖以下则有脉可循也。故余不揣愚昧，于图尾直书十五公者，所以开其先也。由公而下，递衍于宪祖者，所以接其传也。如其不然，则四支中异行之尊卑，同行之先后，而能条分缕析如是哉。北音支即灰沟支也，夫复何疑。"对于自己的这个创造，他似乎还很得意，"斯时余亦得赘一词，谨将下院灰沟一支少为发明，庶后来者有所宗主云尔。"至此，李氏族谱中对于"灰沟支"世系这一李氏先辈都早已搞不清楚的遗留问题，经过李广业的所谓合理推断和发明创造，变出一个"李十五公"来，成为李氏三门灰沟支的始祖。

　　总体来看，明末清初李氏长、二、三门的重修工作均是由李氏各门支中身份最高、职位最重的人来担当的，可见族谱的编修，究其实质不过是族中精英借以撰写个人传记的一种巧妙方式。学者杜靖认为族谱是特定人群表达自我意志的一个工具，笔者对此亦有同感。不论是李氏各门世系的

李家大院宅院一角

创修还是重修，均是由谙熟文字，掌握话语权的族中精英来完成。因此家谱也就成为一个家族官僚士绅展现自我的一个重要平台，戏谑点说，其不过是族中精英们热衷的游戏，非普通族人可以涉足。由此可见，谁来修谱，谁来读谱，确实是宗族研究中一个颇有深意的话题。

　　在完成各门支世系创修工作的基础上，撰修李氏合族谱便成为可能。从实践过程来看，白巷李氏就是按照这个路径一步一步地走过来的。李氏创修合族谱发生在康熙二十六年（1686）。与此前修谱者的身份相比，这次合族谱的主持者名叫李易，系生员身份，是李氏三门第十三世，是前述

李氏三门支谱创修和续修者李四友之孙，李甲寅之子。虽说也是三代读书人，但毕竟没有取得更高的科举功名，前后相比显得落寞了些。与李易合作从事族谱编修的还有李氏二门第十一世李琼，生员身份；长门第十三世李席珍，生员身份；二门第十一世李友韩，长门三支十二世李继甲，二人应是作为族中长辈参加此项工作的。至此，长、二、三门均有代表当时各门最高身份的族人参加这次修谱工作，可见这一创修合族谱的活动得到了当时李氏族中精英们的高度支持。修谱班子成功组建后，众人"同登垅垅，编阅世系。共祖名邈邈不可寻，仅知茔在村梢西岭，塚亦荒蓁莫辨。"其实关于李氏四门共祖和祖茔的问题，前此各门在编修分支世系时均遇到过，但他们的认识是高度一致的。如前述李甲寅文中也说："余李氏之居白巷其来久远，无谱可稽。独村梢西岭有古茔一区，世传为李家老坟，则其为共祖也。近又熟知共祖下分为四支，曰后街、曰麻地、曰下院、曰场西。余属下院一支。其三支则别卜地为分祖茔。而下院分祖即茔于共祖之侧。"这是就白巷李氏全族情况而言的，可以视为李氏族人们的一个统一认识。

接下来合族时，主要依据前述李氏三门创修世系碑时编定的世系进行统编。首先是李氏长门，即后街门，据李易谱序中说："后街则茔于小墓，始自八公，自余而上十一世矣。世系碑创建于高伯祖郧阳司马公，重修于伯父朝邑县令公。"这一说法与李氏长门世系碑记是有出入的。李氏长门世系，是以他们发现的一张"故契"中一个名叫"十一公"的人为起点往下排的，从未提到过"八公"。此处强行将八公作为李氏长门始祖，而忽视"十一公"的问题，非常值得怀疑。从表面上看，也许是一个明显的错误。但笔者更愿意将其理解为统谱者的一个解决问题的办法。这里要处理的恰恰是作为长门可确定始祖的"十一公"和作为二门认定的始祖"八公"之间的班辈次序问题。这次修谱完成后由修谱者撰写的凡例中，特别提到了"八公"的问题："详稽四支其可信者，惟八公为最尊。然行以八称，非四支之始。今于始祖下墨书四'□'字，八公则系于次'□'之下。"由此可知，在修谱者眼里，"八公"是解决李氏始祖世系问题的关

中庄李家大院阁楼眺望孔

键。因此，对于这次修谱来说，确定各门门祖与八公的世系问题便是修谱的关键所在。

再看李氏二门，即"麻地支"，仍据李易谱序所言，"麻地亦茔于小墓，始自八公，由余辈而上十一世矣。世系碑创建于曾伯祖楚枭副宪公，重修于叔祖右都御史公。"可见，二门没有任何问题，以八公为顶点，共分十一世。接下来是李氏三门，即"下院支"。下院支世系是问题最大的。因为没办法搞清楚下院支分祖与八公的关系，他们只知道："与十一公同辈者分为四门。庙底一门，始自十二公，世系碑创建于叔之硕。崖上一门始自十三公。公有塚无碑。孙讳友占者，子孙无征，意改籍河南荥泽者是。友谦者则八世祖也。世系碑创建于余祖庠生公，谱则余循碑而绪成之，先府君序其首。后圪套一门，始自十四公，由公而下，递衍于今，中缺一世二世者，有自高祖上、曾祖上、祖上即不能记忆者，且有问其父即茫然者，总难条分缕析也。灰沟口一门，与十二公同辈者，又无传，始自

李家大院门前石雕照壁

讳宪者，至余仅七世耳。有自父辈莫考，有自身辈莫考，甚有至子辈已莫
考者，可慨也。"由此确定了长门的十一公与三门的十二、十三、十四公
以及不知名的灰沟口始祖之间系同一辈分的关系。前面在处理长、二两门

中庄村局部鸟瞰图

时，修谱者采用的是自下而上"倒推"的方式，如李易说后街门是"自余而上十一世"，说麻地门"由余辈而上十一世"。这种倒推的办法，最终将十一公作为李氏宗族的第四世祖，将"八公"作为李氏宗族的第三代祖先。与十一公同辈分的"十二公"、"十三公"、"十四公"以及后来由李广业发明的"十五公"均为李氏宗族的第四世祖。李氏宗族的合族世系问题就此解决。

当然，这次合族谱编修中也有一些并未解决的问题，即李氏四门"场西支"的世系问题。对此，李易在序文中说："场西人丁衰弱，愈难远搜，只凭叔资德所知，始自思全，与余七世祖等辈，并无碑谱，无从联络。"于是，在李氏合族谱中，场西一门便消失无踪了。为了巩固这次修谱的成果，修谱工作组还做了两件事，一是制定了合族谱编修的凡例八则。其中第一则就讲："吾族从无共谱，间有一支世系，一门世系，碑文谱序毕录弁首以为证据。"二是委托族中最有学问的两位生员李旭和李易，各拟十六个字，作为白巷李氏十五至三十代命名的辈次，两组通用。两组文字分别是：师有孔孟田在经史志定功纯永受天祉；式慕祖谷贻尔孙行读耕敬慎禄介奕人。

如果从明初算起，到康熙二十八年，白巷李氏进入沁河流域已经有300余年的历史。经历了最初的亦农亦商，尤其是铁货生意，完成了家族发展的资本原始积累，实现了嘉靖万历和明末清初的科举仕进高潮。到了康熙年间，白巷李氏已经开始渐露颓相了。李易在康熙二十八年修谱完成后，曾感慨："今者余家式微极矣。绍书香而绳其祖武者，又如落落晨星。虽祖宗在天之灵启佑无疆，将来人文蔚起科甲蝉联，未必不若从前之盛。"他期待着李氏族人能够以这次修谱合族为契机，实现李氏宗族的东山再起。

客观地说，白巷李氏的这次合族修谱，在一定程度上还是激发了族人的宗族意识。雍正七年（1729），李氏十三世李寓，国学生员，"于始祖墓门有竖石之举"；乾隆四十年，十四世李扩声，十五世李一诚和庠生李式统"又谋所以祭扫于始祖之茔域。"道光二十六年，十六世孙李谷山的父亲，因为听说右都御史李春茂的后人要变卖他家的宅院，便与李万库、李孔旭等人一起在李氏族人中倡议捐钱回购，"遂将公第置为合族家庙"。于是，曾经显赫一时的明代正二品大员第十世孙李春茂的府邸，经历五世之后，戏剧性地变成了白巷李氏的合族家庙。这一变化，也许会让人们感到世事沧桑的无情变化，却不能够以一人、一支的兴衰去衡量宗族整体的命运。

对于李氏宗族而言，毕竟在康熙二十八年开始，他们拥有了第一部合族谱，尽管还有不少瑕疵。雍正、乾隆年间，又先后有族人为始祖墓地立碑、祭扫。道光二十六年，经过全体族人的努力，他们又有了属于李氏宗族的家庙。可见，李氏宗族并未因族人在科举仕途上的停顿而裹足不前，甚至沦为一盘散沙，而是持续地保持着续谱聚族的传统。自康熙二十六年以后，李氏合族谱又迎来了多次续修：乾隆四十五年，李耀祖修谱时，距康熙二十八年已有八九十年；道光二十六年，李谷山修谱时，距上次修谱

中庄李家大院砖雕照壁

有七十余年；光绪三十二年，经历光绪初年大饥荒的打击，"不惟乏嗣者多，即死于饥馑灾疫者亦复不少，其余则非死即逃亡耳。"天灾之后又有时代的变革，废科举、兴学堂、行新法，"族中之力能读书者，亦皆纷纷改图。"在此不利的条件下，李衡果敢地承担起续谱的重任，此次修谱距上次又是六十年之久。

1985年，在经历了民国初创、抗日战争、新中国建立、破"四旧"、"文化大革命"以后，白巷李氏族谱又迎来了有史以来第五次修谱活动。作为这次修谱工作的主持者，阳城一中退休教师李尔勤在新修谱序中写下了这么一段话："我白巷李氏族谱，自1906年族人衡手续修以来，已八十年未再续。在此八十年中，几经战乱灾荒，人事变迁很大。加以原谱只有一本，纸既糟朽不堪，且后被鼠咬破没十个半张——二十个半面。1982年夏，余于善行处见而惜之，窃思如不急续，则再过数年、十数年，原谱毁没之后，虽欲再续，则更无所依据，无法着手矣。因嘱其妥存以待续。1985年春，余自一中归，商之族人，并取

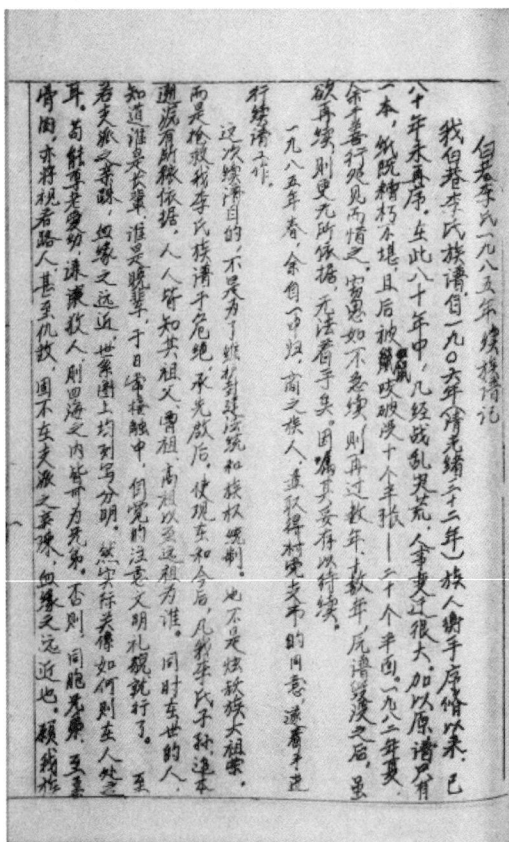

白巷李氏1985年续族谱记

得村党支书的同意，遂着手进行续谱工作。这次续谱目的，不是为了维护封建法统和族权统制，也不是炫耀族大祖荣，而是抢救我李氏族谱于危绝，承先启后，使现在和今后，凡我李氏子孙，追本溯源有所依据。

人人皆知其祖父、曾祖、高祖以至远祖为谁。同时在世的人，知道谁是长辈，谁是晚辈，于日常接触中，自觉的注意文明礼貌就行了。"这段话情真意切，感人至深。读完这段话，我们一定相信，无论世事如何变迁，都无法改变李氏族人血液中、内心深处蕴藏的宗族意识和宗族观念。只要有这种意识存在，李氏宗族就永远会存在下去。白巷李氏的这一宗族实践过程，给我们生动地展示了一个中国北方区域的宗族存在和表现方式。

研究者如果不能跳出"实体性"、"标准化"宗族的概念，非要在宗族实践中去寻找所谓"族谱"、"宗祠"、"族规"、"族产"、"族长"等形式化、功能性的外在表相，并以此来判断宗族强弱与否、发展好坏的话，是根本无法准确理解宗族对于中国人所具有的真正意义的，也是忽视宗族空间差异性、形式多样性的一种表现。因此，白巷李氏的宗族实践，提醒研究者和读者必须更新既有的宗族观念。在此前提下，才能形成对沁河流域宗族实践的一种客观认识。

3.诗书传家的下庄杨氏

表面上看，下庄杨氏似乎与白巷里王氏、李氏乃至沁河流域明清时代其他大姓望族一样，似乎都走的是科举仕进这同一条道路，其极盛时期基本集中在明嘉靖、万历直至清康熙、乾隆朝，兴盛200余年。在明嘉靖之前基本上是亦农亦商的传统，自清嘉庆、道光以后，沁河流域的科举事业则整体呈现下降、衰败之势，这些靠科举起家的大姓望族似乎也都跟着走向了低谷和没落。笔者承认，这的确是大势所趋。何以在清代中期以后沁河流域的大姓望族会出现整体滑坡的态势，这个问题是值得专门深究的。再者，即便就前文分析过的那些大姓望族而言，其鼎盛时期与科举直接相连的便是求官与做官。"官文化"在十二世纪以来的沁河流域确实也一直表现得非常抢眼。那么，"官文化"之外的沁河流域，还有没有其他值得进一步探究的东西呢?

下庄村杨家大院

在笔者看来，下庄杨氏家族所表现出来的就是一种不同于官文化的诗书气质。这种诗书气质从金代便开始萌发，绵延八百余年，直至清代和民国时期。读书未必要做官，书中自有风流雅趣，这种扑面而来的书卷气息，历久弥香，在一派"官文化"长期占据主流的时代观念和历史潮流中，逐浪前行，经久不衰。这恰恰是下庄杨氏家族留给今天最珍贵的人文遗产。

（1）杨氏始祖——金代乡贡进士杨天衢

杨氏虽然不是白巷里最早的姓氏，但是杨氏祖先进入沁河流域的时间却比白巷里任何一家都要早。下庄杨氏第二十一世杨兰阶在其所撰《阳城县乡土志》中这样讲："其始祖杨天衢，金朝进士，承安元年自关中迁于阳城上佛里，继而又卜居于白巷里之下庄。"这与杨氏族谱所记完全吻合：杨氏于金承安元年（1196）由关中弘农迁入阳城县上佛村，子与孙则居王村；明洪武五年（1372）迁居下庄，首分四门。学者杜正贞据《阳城白巷杨氏族谱》中保存完好的世谱表，查得杨氏祖先是金承安年间从关中弘农（一说陕西清涧）迁入阳城上佛里的杨天衢，是为杨氏一世祖。之后杨天衢的孙辈在洪武初年移居白巷里下庄第五甲。上述说法与笔者在白巷里三庄的调查大体一致。重要的是，杨氏与白巷里的王、李二氏不同，其先祖早在金代即已中了进士，不像王、李等姓那样，还要经历明初几代人或务农、或经商的资本原始积累才逐渐兴盛起来。

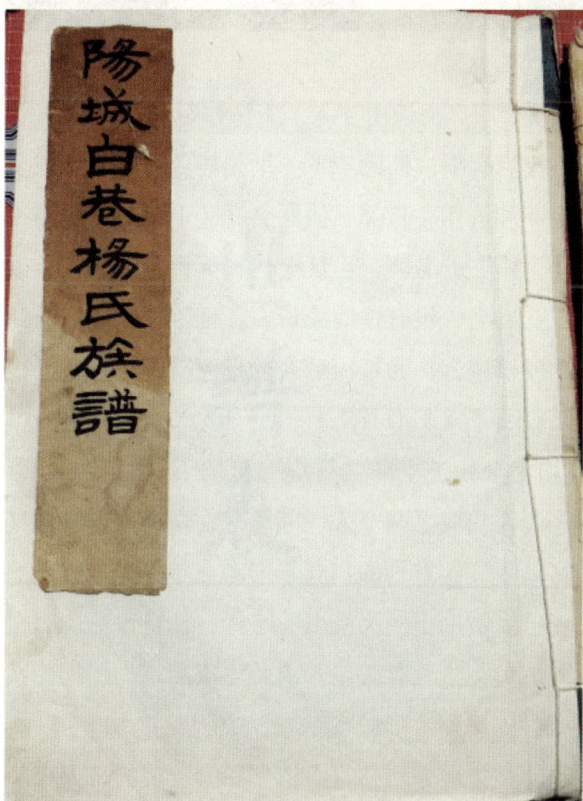

下庄杨氏族谱

海会寺全景图

杨氏的祖先在金代就已经为整个家族血液中注入了工诗作赋的基因。

杨天衢留给后世的资料相当有限。杨氏二十一世孙杨兰阶在《阳城金石记》中收录了一通立于金泰和五年（1205）的题名碑《上佛村孔子庙石门阃题名》，题名内有"杨天衢"的名字，可证金代杨天衢与上佛村应该是有关系的。但是该碑上只有姓名，没有注明身份，孤证不立。杨天衢究竟在金代有些什么样的活动或事迹，作为杨氏后人的杨兰阶，觉得自己很有必要将其查清楚。他先是查看了《阳城县志》，见县志中写有杨天衢、杨行周两个人的名字，且均为金代进士。"行周"是杨天衢的字，所以《阳城县志》显然是误将一个人当成了两个人。随后，在海会寺内，他又找到一通该寺僧人宗雷在嘉靖十三年重刻的初立于泰和五年闰八月的《徐守谦诗碣》，上面明确写着"乡贡进士杨天衢书"字样，而且这通诗碣在《泽州府志》和《山右石刻丛编》中均有著录。由此可以断定，杨天衢系金代乡贡进士，并非《阳城县志》和《阳城乡土志》中所说的"进士"。查有关资料可知，乡贡进士，是指地方州县官吏依据私学养成的士人，经乡试、府试两级选拔后，合格者被举荐参加礼部贡院所举行的进士科考

阳城海会寺碑林

试，而未能擢第者则称为"乡贡进士"。所以说，乡贡进士和进士还是有差距的。尽管如此，这一身份对于当时的沁河流域而言，应该算个不低的身份了。

杨天衢留给后世最重要的一点记忆在于，康熙年间由郭元釪编，康熙帝制序刊行的金诗总集《御订全金诗增补中州集》中，收录了杨天衢一首名曰《得禅字》的诗："屋上青山屋下泉，泉声相杂竹琅然。人生有限兴无限，海会结缘终有缘。身外岂知真佛计，忙中聊复定心田。那堪更著潇潇雨，妆点清虚助客眠。"关于杨天衢这首诗的来历，还要从海会寺内的一处诗词题壁说起。

海会寺又名龙泉禅院，创建于唐乾宁元年，这里不仅是一座佛教禅寺，更是沁河流域古代文人聚会，唱和诗词、交流学问的一个场所，不少文人骚客在这里吟诗作赋并题纪留念。金大定七年五月，一个名叫李晏的高平名人，系金皇统二年进士，官至"礼部尚书兼翰林学士承

77

旨"，到阳城看望其家兄李曼（天德三年进士，隰州军士判官）。据李晏说，"宴自淇园受代，来阳城省觐家兄，而适以事趋州，因拉何良知、杨嗣卿、郑德光、刘邦美相过于此。纵观壁间诸公诗，有以'竹径通幽处'为韵者，遂用下五字'禅房花木深'各赋一篇，以纪其来。"这里的"宴"即是李晏。其中提到的四个人，均系金代阳城人，《泽州府志》选举志均有其名：何虑，字良知；杨之休，字嗣卿；郑辉，字德光，县丞；刘廷彦，字邦美。当时已有"竹径通幽处"五诗了。李晏等五人应是出于唱和的需要，才提出要接着这五个字即兴和韵作诗了。于是，何良知"得禅字"，杨嗣卿"得房字"，李宴"得花字"，郑德光"得木字"，刘邦美"得深字"，五人分别按照所得字韵赋诗一首。这五首诗后来以"李晏等游海会寺诗碣"为名，收入郭元釪的《御订全金诗增补中州集》中。

金泰和五年，海会寺寺主崇潭对一个名叫"徐守谦"的人讲，寺内过去有一处以"竹径通幽处，禅房花木深"十字为韵形成的诗词题壁，"尔后风雨所坏，遗失五咏，为终身之慊。"此处遗失的五咏当是指"竹径通幽处"五首。为弥补这一缺憾，徐守谦便创作完成了以"竹径通幽处"为韵的五首诗词，并由乡贡进士杨天衢亲自书写，存于海会寺题壁。后来，徐守谦诗碣并未收入元好问的《中州集》和郭元釪的《御订全金诗增补中州集》中，而是以《海会诗五首：竹、径、通、幽、处》为名收入《全辽金诗》和《全金诗》中。然而，令后人都搞不清楚的是，杨天衢所撰《得禅字》诗却不知系何时何因完成，也不清楚其与《李晏等游海会寺诗碣》是何关系。但是却鬼使神差地被郭元釪收录到《御订全金诗增补中州集》中，并和李晏等五人的诗放在了一起。对此，连后来杨天衢的后裔，《阳城金石记》的作者杨兰阶也考证不清楚究竟是怎么回事，因为海会寺内当时也找不到杨天衢的这首《得禅字》。这就成为海会寺历史上的一桩悬案。然而，不论怎样讲，杨天衢在他的时代，看起来还是比较活跃的，此人不仅有吟诗作赋的才能，而且和当时各地来的文人骚客多有交往。这就奠定了下庄杨氏诗书立家的传统。

（2）明清以来下庄杨氏家族的诗人和学者

明清两代杨氏家族的科举入仕　自杨天衢之后，直至九世杨枝、杨枢、杨植等辈，中间有七世默默无闻。明嘉靖年间，杨氏同白巷里乃至沁河流域的其他大姓望族一样，迎来了科举仕进的高潮。族谱记载，从嘉靖二十五年开始到清顺治八年，杨氏为沁河流域贡献了四个进士三个举人，四位进士分属下庄杨氏第九世、十世和十二世。他们官至河南按察使（正三品）、陕西按察司副使兼平凤兵备道（从三品）、浙江会稽知县（正七品）、陕西庆阳知府（正四品）。杨氏族中做官的还有：九世杨枝，举人，南京大理寺评事；十世杨瀚，举人，河南大理寺评事。此外，还有住在下佛村的杨时化，明万历四十七年进士。顺治初年，历任户科给事中、礼科右给事中、山东乡试正考官，后官至刑科左给事中（正七品）；润城砥洎城的设计筑造者杨朴（1570—1639），与杨枢等人同属"木"字辈，系杨枢之兄（见张慎言《洎水斋文抄》），万历三十四年举人，荐补大兴县令（正七品）。二人均为居住于下庄之外的杨氏族裔。

总体来看，论科甲，杨氏不输白巷王、李二姓。论做官，则略不及王、李二姓。但这些都不是杨氏最有优势的地方。以诗书传家，以读书为业，诗人、学者迭出，才是下庄杨氏赖以立身的传统。对此，清末民初山西学者郭象升（晋城周村人）曾评论说："阳城白巷里在沁之湄，俗称曰庄，有上中下之分。山水清嘉，生其间者，多抑郁善感之士。……里中人门阀之高莫先王氏，其名在史传者疏庵尚书也。而诗书诗泽之长，则以杨氏为称首。"客观地说，在16—18世纪前后的200余年时间中，既是沁河流域读书仕进的高潮，也是诗书奇才迭出的高峰，诞生出以王国光（上庄）、张慎言（屯城）、张晋（润城）、李毅（中庄）、延君寿（北音）等全国知名的诗人。这些诗人中既有王国光、张慎言那样的朝廷要员，又有不屑做官或做不好官、痴迷于诗书学问的读书人，如张晋、李毅、延君寿等辈。然据笔者观察，下庄杨氏不同于他们的地方，恰恰在于，既能在科第入仕高潮时期顺流而上，取得不俗的成就，又能够在高潮退却之后，依然延续和传承既有的家族传统，充分利用樊山沁水独特的人文资源，纵情于诗书礼仪之中，成为享誉一方的诗书之家，成为"润城文学"（晋城当代作家田澍中语）的杰出代表。

白巷杨氏族谱始祖世谱第一表

"先世皆攻吟咏"：清中叶以来杨氏家族的诗人与诗集　《濩泽杨氏世德吟编》是下庄杨氏第21世孙杨兰阶在1936年11月编修完成的，是一部杨氏家族诗集。学者郭象升对该书中的杨氏六诗人给予了高度评价："细读诸集，皆语切韵谐，沛然从肺腑中流出，似淡实浓，似俚实雅。佛说中边皆甜，儒言表里如一，于诗境见之矣。"该书收录了《半嵋诗草》、《釜山诗草》、《双薜荔斋小草》、《蛙天蠡海集诗草》、《伴石山人诗草》、《佩弦子诗草》六部诗集，共计324首诗，皆为历代杨氏家族成员所作。

其中，《半嵋诗草》系杨氏十世祖杨荣胤撰；《釜山诗草》系杨氏第十八世，杨兰阶的曾伯祖杨庆云撰。关于杨庆云，要多说几句。他是道咸年间活跃于润城的文学社团"七逸老人诗社"的领袖。该诗社是润城继乾隆年间出现的"樊南吟社"之后又兴起的一个文坛诗社。"七逸老人"为"墨逸"王莘元、"闲逸"杨庆云、"书逸"延常、"硐逸"李焕章、"柳逸"曹承惠、"樵逸"张贻谷、"琴逸"韩纪元。又附入"莲逸"僧本立，凡八人，有唱和集，又各有专集。其中，"墨逸"王莘元、"樵逸"张贻谷为润城镇人，其余来自润城镇中庄、下庄、北音等村，领袖人物为"闲逸"杨庆云。据曾在润城挂职锻炼的作家田澍中先生研究："七逸"皆为皓首穷经的落魄文人，一生穷困潦倒，唯以佳酿诗书度日。杨庆云、杨丽云弟兄在年轻时受教于延君寿，再加上家学承传，为诗的根底很厚。"七逸"常常聚会吟诗，润城周边的东坪庙、紫台岭，青山崖上的魁星阁，沁河岸边等都是他们高谈阔论之所。天降大雪或花开叶落，七逸常相伴外出赏雪、观花，每每聚会皆有佳作问世，互相传阅点评，不亦乐乎。"七逸老人"作品主要辑入《就闲斋同人唱和集》和《梅花诗社同吟集》。《濩泽杨氏世德吟编》中共收录其诗八十三首。《双薜荔斋小草》为杨兰阶曾祖杨昱撰；《蛙天蠡海集诗草》为杨兰阶祖父杨伯朋撰、《伴石山人诗草》为杨兰阶叔父杨叔雅撰；《佩弦子诗草》为杨兰阶父亲杨念先撰。可见，从杨氏第十八代杨庆云、杨丽云、杨昱开始，经十九代杨伯朋（清同治三年甲子科举人），二十代杨念先（光绪乙酉拔贡，1885

年），二十一代杨兰阶（清末副贡生，山西大学教育学院学监、斋务主任），四代人诗书传家，皆攻吟咏，"远自高曾，代以能书著称"，成为沁河流域名副其实的书香世家。

家书抵万金：晚清杨念先家书所见下庄杨氏的家境与家教　杨氏满门读书人，着实令人钦佩。然书读得好，并不意味着家境就一定好。用杨念先的话说就是"家传清白，数世清贫"。从杨兰阶的曾祖辈杨庆云开始，杨氏家族的经济状况就已处于穷困潦倒的境地。尽管其祖父杨伯朋在同治三年中了举人，其父亲在光绪十一年成为拔贡，胜过其周边已经在科举功名上停滞不前的其他姓氏家族。然而，就其整体家族经济而言，依然处在比较困难的境地。

《杨念先示子书信十五》是光绪十九年（1894）至光绪二十七年（1901）8年间杨念先给其子杨兰阶写的十五封家书。这些家书有幸被收藏在2006年山西人民出版社出版的《晋商史料全览·晋城卷》之中。资料

杨兰阶四弟杨兰第夫妇遗像

整理者误将此书信当成阳城下庄人杨念先写给在山东曹州府城内一个名叫"吉隆典"的典当行里做生意的儿子杨兰阶的商业书信。细读后笔者发现，这是反映下庄杨氏家族第20代传人杨念先之家境和家教的珍贵文献。这批书信生动地呈现出作为书香门第的下庄杨氏在晚清时期的家庭经济状况和对子女们的严格教诲。

杨兰阶是杨念先的长子，生于1872年，卒于1937年。字芷生，一字湘浦，号痴僧，又号啸月轩，清末副贡。山西省咨议局自治研究所毕业。宣统三年（1911）任阳城县视学。曾任山西省国民师范学校高师部学监、山西教育学院教授、斋务主任等，于书法、金石、校雠都有很深的造诣，撰有《啸月轩诗稿》、《啸月轩藏碑记》、《阳城金石记》等书。《山西通志》有传。不过，这些传记中均未言及杨兰阶年轻时在典当行从商的经历。这批书信的发现，也使我们对一门都是读书人的下庄杨氏家族在晚清的际遇有了不少新认识。

根据这十五封书信起止的年代，可知当时杨兰阶是21—29岁。按照书信内容，大致有如下三个方面：一是家庭经济困难，家里人多，家中迭遭变故，需要杨兰阶接济救助，以度饥荒。杨兰阶的父亲杨念先和他的叔叔两人均是教书先生，但因"时光不好，我与汝叔父书房俱不如意"，家庭经济状况堪忧。光绪

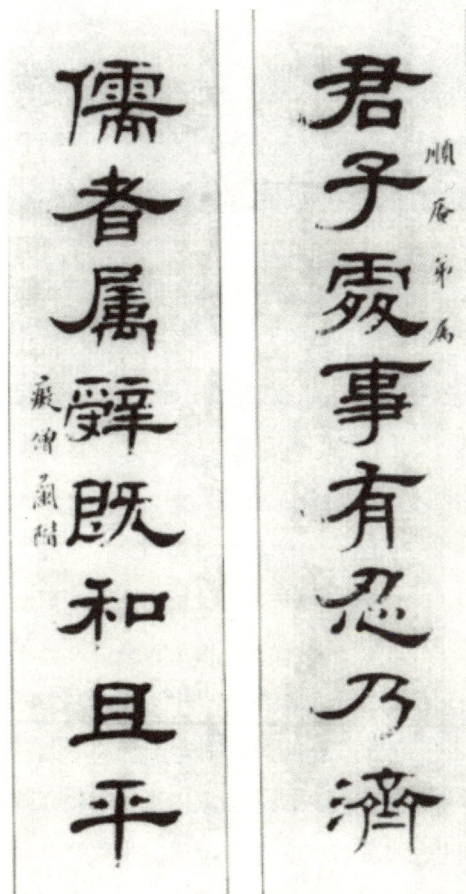

杨兰阶书写对联

杨兰第故居

二十年三月十九日信中说，"咱处春季诸粮昂贵，家中食指十三四人，即设法省俭，口粮尚难接济，不得已，逼着吾儿余滋戚矣。"由于家中经济困难，除了要儿子接济外，还被迫变卖衣物度日，如该封信中所说："欲将家中蓝绸面狐裘捎去变卖钱若干，庶可接济。"颇有意思的是，为了让在典当铺的儿子同意他的要求，又引经据典地讲了一番大道理，"《四书》言：'士志于道，不耻恶衣。有文誉者，不愿文绣。'推之《易》曰：'黄裳元吉，美在其中。'《书》云：'服美于人，将由恶终。'《诗》言：'象服是宜，子之不淑。'又曰：'彼其之子，不称其服。'《传》言：'服之不衷。'"这番言辞非有学问之人是不可能讲出来的。光绪二十三年六月十六日的一封信又说："夏季，咱处二麦仅有五六分年景。咱连子打麦不足三石，刻下又有望霓之叹。将来秋成，不识作何光景。今岁家中事体繁剧，殡事总共使钱壹佰三十余千，英女出闺并台儿定亲约使钱卅余千，带家费总得叁百千之数，汝叔叔书房馆谷不过廿余千之数，我书房亦不如去年，日月渐形拮据，汝在外还得设法饥荒接济才好。"

书信内容的第二个方面是嘱咐儿子的话，包括两类，一类是要他多读书、习字，准备参加科考。光绪十九年六月初五日的信中讲，"汝在外公事之暇，时艺、小楷亦须留心，是一收心之一助也。"十月十六日的信中说："至圣教序帖，咱家并无好的，左近收藏佳者绝少，独有小城怡园刘氏所藏是明拓且佳，只是少数页耳。如外边有售主，写来一信，下次方可寄去。"不仅如此，杨兰阶的祖父在去世前一天，还计划给自己的孙子写亲笔信敦促他读书学习。据光绪二十一年正月初五杨念先给儿子报丧的信中所讲，"祖父于初四日夜，同我与汝叔父在堂屋食羊肉头脑，亲嘱我与汝写书时，交命汝当于工余之暇，即当以时艺、小楷、试帖三者为急务，至于刻图章写大字行书，皆无须讲究。……祖父往矣，所嘱我命汝三事，汝当奉为终身良药。"两代人的教导，言辞恳切，显示出作为书香门第的杨氏，重视子女读书教育的良好家风。正是在这样的家教之下，杨兰阶、杨兰第兄弟二人后来均能在山西大学教书育人，成为颇有名气和才气的知识分子。第二类是要他在字号中为人处事老成持重、谨慎小心，不要喜形于色。光绪二十年三月十九日："且闻东家掌柜待汝过优，是又余之虑也。曷以？故因汝少不更事，闻誉必喜，得许易骄。喜而不损，骄而不殆者鲜矣，汝戒哉，必兢兢谦谦，庶保有终。"光绪二十二年四月初八日："汝在典中务要十分谨慎，事虽至细，亦必禀掌柜。烟赌二项，凛凛戒之。"光绪二十三年二月廿二日："善哉，魏辛宪戒子之言曰：'惟敬惟和，庶乃有济。'余亦愿汝廉抑小心，则亦庶少差忒矣。"光绪二十三年四月十四日："惟是吾儿齿弱任重，凡事总以谦恭谨慎为主，稍有疑难即留退步，与诸掌柜商榷，庶无关岱。"

晚清时代的杨氏家族，尽管家境已经困难到不得不让孩子们外出经商，供养家庭之开支，却并不放弃读书科考的正途。杨氏家书所揭示的正是一个世代书香的家族在时代变迁中所秉持的家族传统。读书的目的首先是为了修身，做个有学问的人，才能在社会各行各业之中立稳脚跟，受人尊重。这正是下庄杨氏带给我们的思考和启示。

三、功名卓著：明清郭谷里
的张姓望族

张氏作为在中国人口中排名第三位的大姓，有河北清河、河南濮阳和山西太原三大郡望。近年来的姓氏源流研究中，"张姓起源太原说"引起社会各界较多关注。然而就张氏三个郡望姓氏文化研究与开发现状而言，太原张氏在20世纪90年代红火过一段时间以后归于沉寂，远不及清河、濮阳张氏文化的势头与规模。这是我们从姓氏文化角度对张氏的一个基本认识。在笔者看来，如果只是利用家谱文献作为史料去还原、呈现某一个姓氏的源流，可能会犯不小的错误。因为不少家谱在溯及源流问题时，要么是以讹传讹，要么是模棱两可，语焉不详。在对太原张姓"三世祖"——汾河水神台骀的研究中，我们就发现台骀被拉进张姓祖先谱系的时间，应是在明嘉靖年间张姓的一次全国性的统修族谱活动中。以上是笔者开展沁河流域张氏家族史研究的一个基础。

在翻检文献和碑刻史料的过程中，不难发现张姓在明清时代的沁河流域表现相当活跃。其中，最有代表性的便是阳城郭谷里即郭峪张氏，虎川里即屯城张氏，润城里即润城张氏以及沁水窦庄张氏。《阳城县乡土志》论及阳城的这三个张氏家族时，说他们"莫不功名卓著，科第联芳"。窦庄张氏则因明末修筑沁河流域第一堡的张五典、其子张铨、其孙张道浚三代而闻名。不仅如此，张姓与沁河流域其他大姓望族之间也多有交往，或为乡党，或为同年，或为至交，或为姻娅之亲，盘根错节，可谓树大根深。受篇幅所限，本节仅以郭峪张氏作为考察对象，充分利用碑刻、墓志和其他文献，对沁河流域张氏家族的兴衰荣替及其与地域社会的关系予以梳理，以窥全豹。

1.明清时代郭谷村的三大姓

明清时代的郭峪，名曰郭谷。因这里交通便利，有煤铁之利，从商者众多，人口流动性大，已经是一个相当繁华的市镇了。因此郭峪村在名义上虽然还是个村一级的聚落单位，实际已经具有市镇的规模了，所谓"巨村成镇"即是此意。

郭峪村古城墙

对于郭峪村的这一特点，不少乡土人士皆有同样观感。嘉靖四十四年郭峪村举人窦杰，在为该村人张子仁撰写的墓志铭中说："夫郭谷为巨镇，繁琐之区，俗皆华靡相炫，而君居其中独不然焉。"崇祯十一年，郭峪村张氏家族的名人张鹏云在《郭谷修城碑记》中也说："吾乡郭谷，夙称巨镇，聚庐而处者千余家。"或许正因为如此，才引来崇祯五年陕西农民军洗劫郭峪的重大劫难。但是，劫难过后的郭峪村，经济和人口很快又得以恢复。乾隆二十九年，郭峪士民为保护该村地脉和居民庐舍安全，禀请封禁煤窑的《封窑碑记》中便有"其郭谷一镇，向来人多殷实，户有盖藏"的记载，是为明证。

随着明清以来市镇经济的繁荣，郭峪村也迎来了科举入仕的高潮。康熙四十五年，陈廷敬撰《故永从令张君行谷墓志铭》中描述说："自前明至今，官侍郎、巡抚、翰林、台省、监司、守令者，尝相续不绝于时，盖近二百年所矣。"康熙四十八年郭峪人蔡霈雨在《郭峪镇仕宦题石记》中也有类似言论："吾乡自宋元以来，达显无闻；起明成化以迄于今，人文累累，甲第连连。"不仅如此，陈廷敬还指出了郭峪村士人一个很有意思的特点，"然其仕以进士起者多，故士之荐乡书者，率数数。就春官试即不第，不肯轻出以仕。"就是说这个地方的读书人"非高中进士不做官"，科考中举似乎已是很稀松平常的事，没什么值得炫耀的。这种情况即便放在整个沁河流域来说，也是相当突出的，表明当时郭峪村人培养子弟读书成才，科举入仕的能力已经处于高度领先的水平了。学者杜正贞指

郭峪村北门口

出这种现象也是晚明以来郭峪镇读书人追求士绅化的极端表现，笔者同意这一观点。

就郭峪村的姓氏分布而言，由于市镇经济发展和外来人口的增多，导致这里已经是一个多姓杂居的村落了。关于村中姓氏的变化，村民口中至今有"先有南卢北窦，后有张陈二府"的民谚。可见，张氏和陈氏乃是典型的后来者居上的大姓。除了张陈二姓外，村中还有王、范、卫、裴等其他姓氏。其中王姓因在晚明以来涌现出一位对郭峪村发展贡献极大的盐铁商人——王重新，使得张、王、陈三姓先后成为该村最有影响力的大家族。在居住空间上，他们各自占据了村中最好的地段，掌握着村庄的发展

郭峪村高大的城楼

郭峪村东门口

走向。至今，郭峪村民中仍流传有一句顺口溜说：前街西为陈，前街东为王，南沟住张家。

在郭峪村三大姓中，张姓是最早在科举入仕上取得成功的家族。康熙十年，阳城籍刑部尚书白胤谦在为郭峪人张天福撰写的墓志铭中，对郭谷里张氏科举兴盛的情况有如此评价："吾阳城之俗，初以郭谷为近古也，地多丰室大族。其姓张氏者，尤号蕃盛。近岁著人，自东山少司寇外，复有灵璧、永从二君；其前则有都宪、金宪、郎中三公，六人俱进士起家。"这里提到了自明代以来至康熙十年之前，郭峪村张姓考中进士的情况。其中，东山少司寇是指张尔素，官刑部右侍郎；灵璧君是指张天福的孙子张拱辰，任河南灵璧知县；永从君是指张于廷，官永从县令。三人均为顺治己亥科（1659）同榜进士。此人之前的都宪、金宪、郎中三公分别是指张鹏云、张好古和张好爵三人。其中，张鹏云是明万历四十四年进士，官至右佥都御史。张好古是明嘉靖二年（1523）进士，官至四川按察司佥事。张好爵是明正德九年（1514）进士，官至户部郎中。我们注意到，郭峪张氏在145年间，先后有6人中进士并做官，可谓相当辉煌。然而，对于郭峪张氏是否同姓同宗的问题，白胤谦并不是很肯定。因此，他只是很含糊地说："余贵仕者尚数人，第弗详其谱序之远迩，然闻之东山与灵璧，上世俱徙自沁水金凤，当为一族。"应当说，这一判断还是略显武断的。

同样，对于张氏的科举业绩，康熙四十五年陈廷敬在为长其十岁的同乡——故永从令张于廷撰写的墓志铭中，对郭峪张氏的科考业绩也做了如下回顾："自前明至今，官侍郎、巡抚、翰林、台省、监司、守令者，尝相续不绝于时，盖近二百年所矣。顾郭氏今无闻，而张氏其先独岿然以科目显：曰好爵，嘉靖某科进士，户部主事；曰好古，嘉靖癸未科进士，四川按察司佥事，摧折权贵，直声著闻；曰以渐，万历癸酉科举人，景州知州。……考西园公，讳多学，邑庠生，耆年长德，立行教子，乡党宗焉。君顺治辛卯科举人，己亥科进士。……西园公生君一子，君生亦一子，曰之麒，庚午科举人。"陈廷敬由于是郭谷里人，对郭峪张氏的了解应该要

郭峪村全览图

比白胤谦要清楚许多。因此，他的这番话，只是对张于廷及其祖上这一支派而言的，不像白胤谦那样将几个不同宗的张姓混淆在一起。

2. "同姓不同宗"的郭峪张氏

郭峪张氏各支虽然没有族谱留存，却保存下不少代际清晰、年代连续的历代张姓祖先的墓志铭。依据这些资料，我们可以将郭峪张氏区分为同姓不同宗的五个支派。

（1）张好古家族

张好古家族是郭峪张氏中最早科举发达的家族。张好古是其家族第五世。康熙三十三年和四十五年，陈廷敬分别为张氏第八世张多学和九世张于廷撰写墓志铭。时，陈廷敬已授户部尚书和文渊阁大学士兼吏部尚书。由当朝一品为其亲自撰写墓志铭，可见其与陈氏家族的交往及其在郭峪村所具有的重要影响力。

根据陈廷敬所撰两通墓志铭，可以将张好古家族从一至十世家族谱系排列如下：

始迁祖　张从仪

二世　张广

三世　张车

四世　张衍

五世　张好古　张好爵

六世　张植

七世　张以渐　张以莘　张以安

八世　张多闻　张多学

九世　张于廷

十世　张之麒

据陈廷敬在《西园先生墓志铭》所言，这支张氏"先世沁水人，后徙阳城东乡之郭谷。"始迁祖是张从仪，前三世"皆隐农野不显"。四世张衍先后因其子张好古、张好爵兄弟俩的科举功名和官职而获得朝廷封赠。因此，这支张氏真正开始发达是在第五世好古、好爵兄弟身上。前已论及，此二人一为正德九年进士，一为嘉靖二年进士。是郭峪村最早考中进士的读书人。二人之后六世张植，"修先公农业，行义于里中"。七世张以渐以万历癸酉科（1573）举人，历仕景州知州。八世张多学与陈廷敬的父亲陈昌期，伯父陈昌言是同学同乡，交从甚厚。陈昌期视张多学为异姓兄弟，并和他一起纠集多人组成"樊川文社"，"邑之俊人胜流，毕集其中"，可见其文学诗歌造诣之精。就连陈昌言这么一个不苟言笑的人，在致仕归乡后，也唯敬重张多学一人，独与其一人交好。张多学子张于廷，年长陈廷敬十岁，陈廷敬也对他以兄长视之。在张于廷去世后，其子张之麒不远千里奔赴京城恳请陈廷敬为其父撰写墓志铭。可见张好古一支与陈

从豫楼俯瞰郭峪村古民居

郭峪村四合院近景

廷敬家族之关系的确非同一般。

至今，在郭峪村仍有一个名叫小狮院的住宅，即是张好古的十世祖居。该院门为牌楼式，木质门柱，内外侧有素面夹杆石，门枕石上有一对小石狮。间楼有上下两层，上层题"科第世家"四个大字，下层刻写了张家祖孙三个进士、一个举人的功名。匾额背面题字为"君恩累赐"和

"四川按察司金事张好古，户部广东司郎中张好爵，直隶景州知州张以渐"。据村里人讲，因张氏子孙多在外做官，后来其家眷便逐渐迁出郭谷村，张家祖宅也就逐渐荒弃了。张之麒作为张氏第十世孙，系康熙庚午科（1690）举人。之后便再没有张好古这一支的文献记载了。因此，对于张好古这一支来说，其五世至第十世，主要活跃在1500—1700年这二百年之间。

（2）张鹏云家族

张鹏云家族是继张好古家族之后，在郭峪村兴盛起

小狮院——张好古家族故居

来的又一支张姓家族。就对村庄的影响力而言，似乎要超越前者。张鹏云生于万历十五年，卒于顺治二年，是该家族在郭峪村的第五世，也是其家族史上首位有影响力的人物。《阳城县乡土志》有关于他一生主要事迹的记载：张鹏云，字汉冲，万历丙辰（1616）进士，为刑科给事中。梃击案起，疏劾刘廷元，直声震天下，寻为权党矫旨削籍。崇祯初起官，累迁右金都，巡抚顺天，引疾归，里居绝口朝政。在郭峪村各类碑文中，也处处

都留下张鹏云的痕迹。如崇祯八年（1635），郭峪村古城下水门门额"金汤"，就有"蓟北巡抚张鹏云题"的字样。崇祯九年（1636），《郭峪白云观创修钟鼓两楼补修西廊房碑记》，系张鹏云撰文，他在文中高度表扬了郭峪村富商王重新捐资修庙的事迹："如王翁者，既捐赀修城，树一邑保障，复宗宣圣敬鬼神之旨，庙貌一新，殆可谓有益于一乡，为一乡重者也。"同样，崇祯十一年《郭谷修城碑记》也是张鹏云所撰，因崇祯五年七月十六日郭峪村遭受陕西农民军的洗劫，损失惨重。当时张鹏云正因政治上遭受魏忠贤阉党迫害而回乡居住。大劫之后，他便联合王重新等人共倡义举，修城墙自保，此举得到明朝廷的嘉奖。崇祯十一年《抄录奉旨叙劳疏》中说道：

> 阳城县之郭谷镇，建城一座，周围四百余丈，城楼三座……张元声创捐1500两。其绅衿陈昌言等二十四名，各捐不等，而共成之者也。……其乡官张光缙、张鹏云，克壮藩篱，实为领袖，准以建坊旌表。其余绅衿众庶，阳城县之张元声、陈昌言等，应加各行抚，按查某捐助多寡，量行给匾，以彰劳勚……堡镇与县城稍别，张鹏云、张光缙等还着另议具奏。钦此。

可见参与郭峪修城的主要是张、王、陈三大姓。文中提及的张姓人氏中，张元声系张鹏云的长子，张光缙来历不详，而张鹏云无疑是领袖人物。张鹏云的长子和陈廷敬的伯父等当时还是郭峪村的"绅衿众庶"，唯张鹏云马首是瞻。富商王重新在崇祯十三年撰《焕宇变中自记》中明确地将推动郭峪筑城的功劳记在张鹏云的头上："吾村乡官现在顺天等府巡抚，驻扎遵化县，念恤本乡被贼残破，荒凉难居，极力倡议输财，以奠磐石之安。劝谕有财者输财，有力者出力。崇祯八年正月十七日开工修城，不十月间而城工告成。……实张乡绅倡义成功赐福多矣。"足见张鹏云在郭峪村当时所具有的权威和影响力。

依据郭峪村现存张鹏云家族墓志铭，可以整理出其家族一至九世的

郭峪城墙

谱系：

始祖　张闾

二世　张辇

三世　张江

四世　张思敬（长子）　张思爱（次子）　张思诚（三子）

五世　张登云　张祥云　张庆云　张鹏云（四人俱思诚子）

六世　张元初（登云子）　　张元声（鹏云子）

崇祯八年张鹏云为郭峪城墙题写的金汤门额

七世　张尔素 张尔淳 张尔厚 张尔实 张尔质（五人俱元初子）
　　　张迩龟 张尔谋 张尔翼（三人俱元声子）
八世　张范（尔素子）　张苏（尔厚子）　张欧 张娄（二人俱尔质子）
九世　张超 张逊（二人俱范子）　张默修（欧子）　张默省（娄子）

郭峪城墙上的通道

　　关于张鹏云家族的来历，南明吏部尚书，屯城人张慎言为其所撰墓志铭中说"上世自沁水金凤迁居阳城之郭谷镇"。联系前节张好古家族，可知这两个家族均是从沁水迁来的，但从其代际关系和行辈起名规律来看，完全是两个独立的世系，恐无太多关联。关于张鹏云家族前三世的情况，文献中只有若干零星记载，如五世张鹏云墓志铭中有"高祖间、曾祖辇、祖江，俱隐德弗耀。"意思是说并不清楚祖上是做什么的。六世张元初墓志铭中则有"上世皆务穑事，后奋儒业"的笼统记述。《阳城县乡土志》则说"其先多业农商"。究竟是务农、经商还是读书，令人莫衷一是。

门楼牌楼式，上刻"兵垣都谏"、"兵科都给事中张鹏云"

额板刻："兄弟祖孙科甲"；"兄张庆云中天启丁卯科举人，弟张鹏云中万历
己酉科举人、丙辰进士，孙张尔素中崇祯丙子科举人"。

继张鹏云之后，张氏家族在科举功名、仕途和对村庄及地域社会产生重要影响力的便是七世张尔素。顺治十六年阳城县的"十凤齐鸣"，张尔素便名列其中。比较特别的是，张尔素属于"二甲赐进士出身"，这个成绩相当优秀，不仅在当时，就是在沁河流域明清时代所有士子的科举成绩中都是为数不多的几个，堪与其比肩的只有清代的陈廷敬和他的子侄共四人，其余均为"三甲同进士出身"，其后官至刑部左侍郎，从二品，比起他叔祖张鹏云的都察院右佥都御史（正四品），可以说向前又迈进了一大步。其续娶妻孙氏，系沁水县巨族，其伯祖父乃是明代东林党重要人物孙居相、孙鼎相兄弟。张鹏云家族中类似的联姻情况还有：七世张尔淳，娶陈经纶女；张鹏云的孙子张尔谋，"娶陈氏御史昌言女"；张鹏云的长孙女"适庠生陈公，即御史子"。二孙女"字王祥奇，庠生熙明子"。张尔素的大女儿"适廪生王熙明子珧"，二女儿"许聘贡生王维时子克仁"。九世张超"聘陈氏甲子举人廷翰女"。其中，陈姓皆为陈廷敬家族成员，王姓则为富商王重新的子侄。可以发现，张氏不仅与郭峪村的另外两大姓

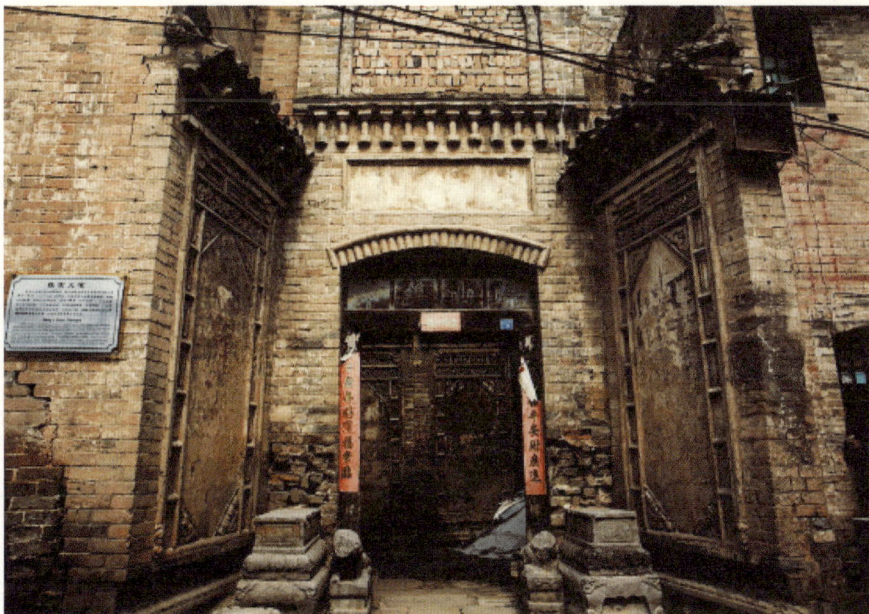

张鹏云家族宅门

氏王、陈二姓联姻，而且与沁河流域的其他大姓联姻。如张鹏云墓志铭由南明吏部尚书张慎言撰写。张慎言在落款中自称眷弟，可见屯城张氏和张鹏云家族之间也有姻亲往来。刑部尚书白胤谦在给张尔素的父亲张元初撰写的墓志铭中则自称是"年家眷弟"。所谓年家，是科举时代同年登科者两家之间的互称。眷弟则是有姻亲关系的同辈人。可见白胤谦与张氏六世张元初既有姻亲又系同年，关系可谓密切。

此外，在郭峪村碑刻中还可以发现张尔素撰写的四通碑记，其中顺治五年《重修河东庵记》、顺治九年《郭谷镇重建大庙记》、顺治十三年《重修西山庙记》，三次重修活动均系郭峪村富商王重新捐资，张尔素在碑文中多次赞扬了王重新仗义疏财之举，可将其视为当时在郭峪村中最有地位和话语权的人。顺治十四年王重新死后，张尔素作为姻亲晚辈，亲自为其书写墓志铭，足见两大家族交情之深。

至今，在郭峪村南沟街仍矗立着张鹏云家族的宅院。大门系木牌楼式门楼，下有石狮，上有斗拱，中有间楼。间楼有两层字牌，上层题字"兵垣都谏"，下层为"兵科都给事中张鹏云"，背面上题"祖孙兄弟科甲"，下层题写了张鹏云兄弟及其孙张尔素的功名。与张好古家族相比，张鹏云家族在五至七世盛极一时。同样是第五世开始兴盛，但在年代上较张好古家族晚了整整一百年。因此两大家族尽管均是自沁水移民而来，却没有更为直接的关系。

（3）张拱辰家族

张拱辰是顺治十六年进士，任江南灵璧县知县。郭峪村现存康熙十年张天福墓志铭，系刑部尚书白胤谦撰写，墓主人张天福是张拱辰的祖父。根据这通碑，可以将该家族九代人的谱系梳理如下：

八世　张述古

七世　张惠初

六世　张　翔　张　翱

五世　张　纬　张　纶

高 祖　张元勋（纬子）

曾 祖　张问行　张问士

祖 父　张天福（问行子）

父　　张我生　张兆甲　张兆麟（三人俱天福子）

子　　张拱辰　张翊辰　张旋辰（三人俱我生子）张景辰（兆甲子）张
　　　卫辰（兆麟子）

　　与前述张好古、张鹏云家族不同，因张拱辰家族始祖不可考，故采取自下而上倒推的形式来呈现其家族谱系。关于其家族的来历，白胤谦猜测说他们可能与张鹏云家族为同族，其依据是两个家族"上世俱徙自沁水金凤"。这个推测与实际情形不符。因为张好古家族同样也是自沁水迁来，是否也是同族呢？我们在此可以依据其班辈次序和姓名特征做一些比较。与张好古家族相比，单就姓名而言，"张述古"似乎与其有关联，但张好古的玄孙张于廷与张述古的八世孙张拱辰均系顺治十六年进士，两人相差四辈，若为同族，在实际生活中根本不可能。再看张拱辰的高祖张元勋，

郭峪村中古街巷

似乎与张鹏云家族的六世张元初、张元声同属"元"字辈。但张元初的儿子张尔素与张元勋的玄孙张拱辰亦均系顺治十六年进士，两人相差四辈，在实践中也是不可能的。因此可以断定三个张姓家族之间均非同宗，只是同姓而已。

再来看张拱辰家族的科第及联姻情况。自五世张纬、张纶开始，张氏家族就有人读书、科举、做官。其活跃年代应当同样在1500—1700年之间。这支张姓与前两支相比，虽然没有特别突出的人物，但是一直保持着科举入仕的传统，不愠不火。其中，张纬、张纶兄弟二人均为举人，一个是德王府长史，一个是石泉知县。张元勋是岁贡生，阳曲王府教授。更为重要的是，其女儿嫁给了明代吏部尚书王国光，赠一品夫人，这样便与上庄王氏建立了姻亲关系。曾祖张问行孝友有德行，"乡间称之"，张问士为拔贡生。张天福"初娶于沁水窦

郭峪村豫楼

郭峪汤帝庙

庠生俊女，太仆丞杰女侄，以名门淑媛来归，犹逮张氏盛时。"再至张拱辰，考中顺治十六年进士，官江南灵璧知县。张拱辰之后其家族的发展延续，因缺乏史料支撑已不得而知了。

（4）两支以经商为主的张氏家族

与张好古、张鹏云和张拱辰三个以科第为主发展起来的张姓家族不同，张廷广家族和张纯家族均世居郭谷里，并非外来移民家族。他们依靠经商起家，走出了一条完全不同的发展道路。

先来看张廷广家族。依据嘉靖四十四年张廷广墓碣铭和嘉靖四十五年张廷永墓碑，可以整理出这支张氏六代人的谱系：

曾祖父　张仕庸

祖　父　张　瑜

父　　　张　卓

己　　　张廷顺（长子）张廷永（次子）张廷广（三子）

子　　　张继先（廷永子）张继祖 张继善（二人俱廷广子）

孙　　　张君爱（继先子）君武 君斌 君兆 君宠 君佐 君礼

在这份家族成员名单中，唯有张继祖"诰封奉训大夫代府仪宾，配隰川王曾孙女，封为代府宁浦县君”。据《明史》载：隰川王逊燂为代王朱桂庶十子，明英宗正统七年受封为隰川王，天顺五年外迁至泽州。仪宾是明代对宗室亲王、郡王之婿的称谓。可见张继祖因娶了明代山西三藩王之一的代王府隰川王的曾孙女，而获得朝廷封赐的。与其同辈的张继先和张继善，均为“三考省祭官”。这里的省祭是“省亲祭祖”的简称，专用于监生的说法。说某人“省祭”，就表明其身份是监生。因此这支张姓在科举功名上根本无法与前三支相提并论。其特点在于，张廷广、张廷永弟兄均长于商贾。张廷广墓志铭中说：“承其生业，不惟植立，且能恢拓，日进月益，资产数倍于前，然皆敦本所致，未尝放利而得，异乎世之不仁而富贵者。……所置之田，其南最多，君出入往来恒于斯，故乡人称为南平翁。”可见，廷广确实经商有道，赚钱后置买了不少田地，成为一个有钱有地的大财主。张廷永也同其弟一样，“生财致富，虽不废于货殖，然皆以义得之，未尝侵刻以取赢。”鉴于这支张氏家族祖上没有什么功名卓著的事情可言，阳城县庠生于情在给张廷永撰写的墓碑中说：“张氏自先世以来，世德祚永，绳绳相继，虽未至显荣，吾知不在厥身在子孙，天其默相于冥冥之中，其后又可量哉？”这显然是其对张家后人的一派慰藉之词。这支张姓家族活跃的时间主要在明弘治至嘉靖之间的80年中，明万历以后就销声匿迹了。

与之相比，张纯家族则发展得稍好一些。依据万历十二年和万历三十二年张子仁和其子张纯的墓志铭，可以整理出张氏家族七代人的谱系：

曾祖　张邦彦

祖　张遵

父　张山

己　张子仁

子　张绂　张纯

孙　张衍祚　张衍祥　张衍祉　张衍祺　张衍佑（五人俱绂子）

　　张之玺　张之璨　张之玮　张之珍（四人俱纯子）

曾孙　张璧星　张景星（二人俱衍祺子）

　　在这份家族名单中，最显要的是张纯这一代人。张纯（1550—1604年），系万历七年举人，曾任陕西同州知州，后调直隶延庆州，死于山东兖州府通判任上。其兄张绂，山东聊城县闸官。张纯祖父以上三代，"俱以农桑隐德"。其父张子仁（1499—1566）幼年丧父，"能以勤俭大其家，性行义乐施，于晚年家以善贾益饶"。可见张子仁家族最初以务农为业，到了张子仁晚年才得以经商致富，在乡里有了威望，"里中称长者必曰张某。"但是张子仁并不满足于生意上的成功，他告诫自己的儿子张纯："我有深根者，则以家不读书，不大门尔。纯既业此，……冀有以换我门间也。宜念之、识之。"经商后敦促子女读书科举光耀门庭，这是张纯家族不同于张廷广家族的地方。正是在这一苦心经营下，才将张纯培养成了举人，走上仕宦道路。张纯家族还有一个值得注意的地方，便是其与屯城张氏、上庄王氏和下庄杨氏这些科第显要的家族之间也存在姻亲关系。万历十二年张子仁墓志由屯城张升撰文，张升是嘉靖庚戌进士，当时已是河南左参政，在碑文中他自称"眷生"。书写碑文的王淑陵，是白巷里上庄人，系嘉靖乙丑年进士，湖广布政使右参政，也自称眷生。为碑文作篆的杨植，系白巷里下庄人，万历丁丑进士，时任大理寺左评事，也自称眷生。三人均为沁河流域在嘉靖万历时候显赫的名门望族。自称"眷生"表明三个姓氏均与张子仁家族有姻亲关系。

3.对郭峪张氏的认识与反思

　　在梳理了明清时代郭峪村五个张氏家族的不同发展历史以后，我们可以对郭峪张氏形成一些总体认识：

　　首先，通过本研究可以明确的是，明清时代郭峪村的张姓并非同姓同宗，而是互不相关的五个同姓家族而已。《阳城县乡土志·氏族》是研究者了解阳城大姓望族的一个重要史料。但是该书只是将张鹏云家族简单等同于郭谷里张氏，以致后来不少研究者均误以为郭谷里所有张氏均与张鹏云家族有关。这也暴露出研究者只重视文本忽略田野调查的方法论局限。从而错把冯京当马凉，弄出一些不必要的笑话来，这是很不应该的。

其次，综合郭峪村五个张氏同姓家族的发展，结合郭峪村自身的历史，可以对郭峪村当地的历史和张姓五个家族先后登上历史舞台的顺序有一个基本的判断：郭峪村是一个煤炭资源比较丰富的地方，这个地方和邻近的白巷里在元末明初迎来一个开发高潮。世居本里的张廷广家族和张纯家族均有经商发家的经历，家境因此才得到改善，所谓"户有盖藏"绝不是单单依靠务农可以得到的。这个时间段当在16世纪前后。与这两个家族不同，张好古家族、张鹏云家族和张拱辰家族均系自沁水迁来的移民家族。三个外来移民家族中，张好古家族最先发迹，其年代在16世纪初叶，此后一直繁荣至18世纪初叶，有200年的繁荣期。代之而起的张鹏云家族，兴盛于17世纪初叶，较前者晚了将近100年，其后繁盛了100余年的时间，同样是在18世纪初叶开始逐渐衰落。张拱辰家族则介于前两者之间，没有特别突出的地方。总体来看，17世纪是郭峪村三大张氏家族最为鼎盛的时期，他们共同创造了17世纪郭峪村的繁荣。

第三，不同时期的张氏家族均注重同郭峪村及其周边大姓望族之间的联姻。这些大家族大多通过世代姻亲关系，建立了牢固的家族关系网络，他们相互提携，互为倚重，这也应当是明清时代沁河流域科举人才持续涌现的一个重要保障。以往研究者多注重从经济、教育、家族传统等方面去寻找原因，却忽视了家族联姻这一重要的因素。从郭峪村张氏家族的实践来看，沁河流域在16—18世纪最为显赫的大姓望族，如上庄王国光家族、下庄杨氏家族、屯城张氏家族、湘峪孙氏家族、阳城白氏家族、郭峪王重新家族、皇城陈廷敬家族，等等，均建立了广泛的姻亲联系。这条在科举成功背后看不见的关系网络，才是沁河流域科举家族持续不断的重要因素。

第四，本节对郭峪张氏五大家族的研究，主要参考了各个家族的墓志铭。张氏家族在16—18世纪最为鼎盛的时期，也未见有修建祠堂之举。反而对于祖先墓志铭的撰写，却是高度重视的。其中，张于廷的儿子张之麒在父亲去世后不远两千里，远赴京城请陈廷敬作序即为明证。因此，对于族谱存世绝对数量较少的北方区域社会而言，墓志铭在家族史研究中具有非常重要的作用，值得引起更多关注。进一步而言，在北方研究宗族，祖坟、墓碑和族谱应当是宗族实践中为人们更加看重的。而是否要按照程朱标准建立起标准化的宗族，并非问题的关键。

四、一门衍泽：大清相国陈廷敬的家族

陈廷敬是继明代王国光之后，从沁河流域风光秀丽的樊川河畔走出的又一位杰出的政治家，辅弼良臣。他在朝为官53年，先后28次升迁，是康熙皇帝晚年最为倚重和信赖的朝廷重臣。因此，他不仅是沁河流域的名人，更是清代史研究的名人。陈氏家族科甲鼎盛、人才辈出、述作隆盛、冠盖如林，是一个崛起于太行山上的文化大家族。据不完全统计，从嘉靖二十三年（1544）陈氏家族第一个考中进士的陈天祐算起，到乾隆九年（1744）陈氏家族最后一个科考中举的陈崇俭为止，整整200年内陈氏家族一共涌现出41位贡生、19位举人、9位进士，其中6位入翰林院。在此期间，38人走上仕途，足迹遍布全国14个省市，且多政绩显赫，为民称颂。在陈氏家族最为鼎盛的康熙年间，做官者16人，出现了"父翰林，子翰林，父子翰林；兄翰林，弟翰林，兄弟翰林"的奇异景观。陈氏祠堂的一副对联"德积一门九进士，恩荣三世六翰林"正是对这一家族集体荣耀的高度概括。

近年来，无论是学界还是地方学者，对于陈廷敬及其家族史的研究，

皇城相府全景图

已有多部分量极重的论著问世，这就使我们对黄城陈氏家族的研究心存忐忑。如欲有所突破和创新，必须选取一个新的视角和方法来加以思考和解读。在搜集资料的过程中，我们在皇城相府看到了皇城历史文化丛书编委会整理印刷的《皇城石刻文编》、《皇城石刻精选》、《皇城相府诠析》等由地方学者们精心点校、标注的碑刻和研究文本，参观了创建于明嘉靖年间的陈氏宗祠和崇祯五年在战乱中修建的巍峨挺拔的河山楼，拜谒了陈廷敬的墓地"紫云阡"，游览了位于今沁水县郑村镇的老母掌、陈氏家庙和陈家祖茔，查找并翻阅了《陈氏家谱》和《午亭山人年谱》等文献。在对陈廷敬和陈氏家族历史有了不少感性认识的基础上，本节将从历史和当下宗族实践的角度，重新审视在沁河流域这一最具代表性和影响力的名门望族发展演变的历史过程，希望能够以陈氏宗族的历史实践过程为案例，使人们对北方地区宗族的概念、形态和特点产生一个新的认识和理解。

1.陈廷敬家族谱系的建构

陈廷敬家族与郭峪村张好古等三支张氏家族一样，都是明代郭谷里的"外来户"。陈氏家族的来历，最初也并非特别清楚，同样经历了陈氏几代族人严密的"考证"和"推敲"。皇城陈氏现存年代最早的两通碑刻，分别是陈三晋在明万历八年为其祖父陈珙所立《大明处士陈公孺人张氏合葬之墓》和万历三十五年为其父亲陈修所立《明故柏山陈公暨配李孺人合葬墓表》。在万历八年碑中，陈三晋说陈氏"世为泽州天户里人。自大父林始徙阳城县东裴里定居焉。"万历八年碑系由万历乙酉科进士王洽撰写，他在陈修夫妻的这通合葬墓表中这样说："上世本濩泽天户里。曾祖讳林，始迁阳城郭谷。"我们从这两通年代相差不远的墓碑中可以看到在叙述陈氏祖先来历的问题上，其话语中既有相同点，又有不同点。可以达成共识的是，陈氏始祖最初入籍的地点是"泽州天户里"，泽州因濩泽而得名，泽州天户里与濩泽天户里所指应是一致的。同时，陈氏进入阳城的始迁祖是陈林，这一点也没有争议。不同的地方在于陈氏祖先迁入阳城的地点，万历八年碑中说是"阳城县东裴里"，万历三十五年碑中说是"阳城郭谷"。郭谷里确有其名，而"东裴里"不明所云。到了崇祯七年，陈廷敬的叔父陈昌言在《河山楼记》中又说："余家本泽州天户里人，自上世祖徙于析城东乡，寄居中道庄。山水形势颇属可佳，递传于余七世矣！"在此，陈昌言是以上引文中的陈林作为陈氏始迁祖，算到他头上刚好是七代。前文中的陈三晋比陈昌言高两辈，陈三晋称陈林为"大父"，即高祖，因此他与陈昌言所说的代际辈数是一致的。可见，陈三晋和他的孙辈陈昌言均视陈林为陈氏在阳城的始迁祖。然而，这里与万历年间的两个说法不同，又出现了"寄居中道庄"的说辞，这是关于陈氏进入阳城东乡的第三个说法。到了顺治十一年，在陈昌言撰写的《陈氏上世祖茔碑记》中，则出现了一个新的更为完整确切的表述："余先世乃濩泽永义都天户里籍也。其聚族而居者，则地名岭后之半坡沟南也。余七世祖后徙居阳城县郭谷中道庄，乃明宣德四年也。"这里增加了两个新的信息，一个是陈氏先世最初居住在泽州永义都天户里岭后之半坡沟南，这些地点都是可以落实清楚的，今属泽州县川底乡。另一个是陈昌言的七世祖在明宣德四年（1429）徙居阳城县郭谷里中道庄。如果联系之前的几个不同说法，可见在顺治十一年陈昌言开始有意识地整顿陈氏宗族世系的时候，已经认为有必要对之前各式各样的说法进行一个统一的解释和认定了。因此，在陈昌言祖父辈陈三晋手里未能搞清楚的陈氏祖先来历和进入阳城的时间问题，到了顺治十一年便彻底解决了。这是一个从模糊化到清晰化的过程。这个过程正是宗族建设的一个显著特征。

但是陈昌言对先祖的追溯和探索并未就此结束，而是始终充满疑窦，萦绕于心。他的疑问在于自己的高伯祖陈珏、六世祖陈秀和曾叔祖陈天祐均是读书做官之人，在他们那一辈应该比自己更有条件去弄清楚祖先来源的问题，却没有片言只语流传下来，令人遗憾。之所以如此，"非年久残失，则兵火焚毁也。"在陈昌言内心里，如果不能将"我从哪里来"这个问题讲清楚，确实心有不甘。

皇天不负有心人。伴随着新史料的发现，陈昌言终于找到了一些貌似重要的线索。据他在《陈氏上世祖茔碑记》中说："后余督学江南，得后湖所藏黄册而阅之，则永乐十年所造也。详溯宗派，知林祖有兄曰岩，上之而考讳靠，祖讳仲名，仲名祖拨入河南彰德府临漳县籍。由余溯此，是为九世，其详悉家乘不若也。余顺治九年夏，因省亲兼养疴里中，遍访远代遗墓，询之更老云：'沟南迪将有古坟一所，相传以为陈氏祖茔也。'余疑未敢信，欲效韩魏公告墓开圹，寻其确据。又恐上世朴实，志铭未备，遂止而不果也。然坟之左右，族姓之家垒垒，族人居其地者尚繁。虽祖宗之位次，子孙之支派，无由述叙，而更老相传无有异辞，则其为祖茔无疑也。"这段话无异于一段内心独白，既有兴奋又有失望，将陈昌言追溯祖先来历的依据和过程讲得非常清楚。其关键在于两点，一是在其偶获黄册上出现了陈昌言七世祖陈林及以上更早祖先的名讳和来历；二是乡老所言的一个据说是陈氏祖茔的古坟，但他并没有亲自掘坟验证。在他这里，依然处于一个模棱两可的状态。正因为如此，他的这个发现仅仅属于自己的判断，并没有被更多的人所接受。康熙三年，陈廷敬在给其曾叔祖陈三益所立墓碑中还说："曾叔祖讳三益，行四，父讳修，余之高祖也，祖讳珙，曾祖讳秀，高祖讳林，林祖以上世系不可考，故余陈氏断自林祖始焉。"可见，在当时，陈廷敬还是将陈林作为自己可考的始迁祖来对待的。

然而，话音未落，言犹未尽，康熙年间的陈氏宗族谱系却史无前例地清晰起来。据陈廷敬所修《陈氏家谱》记载，陈氏家族先祖陈仲名为河南彰德府临漳县籍（今属河北省临漳县），陈仲名有二子，陈靠和陈虎。明初，河南大灾，陈靠逃难入晋，落户泽州天户里半坡村沟南。陈廷敬在家谱中还说："府君为泽州天户里三甲民籍，配樊氏。"按照家谱中的意思，这里的府君是陈氏第二代祖先陈靠。《陈氏家谱》中有云："徒母樊氏与兄岩自天户里迁居阳城县中道庄居焉。"可见，陈廷敬在《陈氏家谱》中讲述了一个其叔父陈昌言都言之未详的陈氏祖先迁居阳城的故事，故事情节中又添加了不少新内容和新人物：陈氏在明宣德四年从泽州天户里迁入阳城的不只是陈林一个，还有陈林的母亲樊氏和他的同胞兄长陈岩。在陈昌言那里，我们看到的还只是有关陈氏祖先的一些片段线索，而且不一定很有把握落实。但到了陈廷敬这里，问题终于水落石出了。对于陈氏家族而言，这的确是个大发现，让我们不得不佩服大清相国陈廷敬的能力，居然能把自己祖先都搞不清楚的世系，在他这里搞得如此通透。

那么，陈廷敬作为一个理学家，读书人，说话应该是有根据的。在我看来，其依据的一个是其叔父陈昌言在黄册中的发现，另一个则可能是陈氏在编修家谱时，搜集到的关于祖先来历的一些传说。至今在皇城相府外城还有一个名叫"樊家院"

斗筑居陈氏宗祠内的陈氏祖茔碑

的地方。据《皇城相府诠析》的作者张桂林解释说，陈林之父陈靠中年去世，樊氏携二子一女度日艰难，时常靠娘家母亲和兄弟的接济，常让少年陈林感激涕零，铭记在心。后陈林克难自立，以挖煤发迹，就以"滴水之恩当涌泉相报"之心感恩回报，资助舅父经营小煤窑，舅父家住在梅庄之东，故称东庄。再后来到了陈昌言、陈昌期这一代，便在斗筑居城外购置四十余亩闲田，并让樊氏第八代在斗筑居西北角建樊家院。这个"外甥感恩亲娘舅"的故事，应该在陈氏族人中老少皆知，且为世代流传下来的一种说法，但是否在当时即已形成这种话语，已经不易判断了。无论如何，在康熙年间的《陈氏家谱》中，终于将陈氏祖先的历史和谱系建构清楚了。于是，新编的陈氏家族系谱便以籍贯河南彰德府临漳县的陈仲名为先

皇城相府鸟瞰图

祖，以从河南迁入泽州的陈靠为始迁祖，向自己和族人交代清楚了"我从哪里来"的问题。可以发现，这个重新建构起来的系谱比起顺治十一年陈昌言以陈林为始迁祖所建立的世系显然是增加了一代。这个新增的一代，便是宗族谱系建构的一个最终结果。

后世有研究者为了彻底搞清楚皇城陈氏与河南临漳县陈氏的关系，亲自跑到临漳县进行实地调研。据张桂林讲，他在研究"皇城陈氏家族的兴盛与衰落"这一问题时，曾三次前往河北临漳，并在县史志办同志陪同下到临漳县孙陶镇陈家堂村进行访问，结果在该村有两个惊人的发现。首先，据该村《陈氏族谱》显示：其一世祖名陈仲铭，同陈昌言记述的陈仲名仅有半字之差。陈仲铭有三个儿子，长子陈龙，二子陈靠，三子陈虎。但家谱中只有陈龙的后代，没有陈靠、陈虎后代的信息。其次，他发现陈家堂村有清康熙朝一位大官修筑的一座行馆，门上有一块康熙题字的匾，上有御书"至性完伦"四字，并且有康熙皇帝的宝印。陈家堂村人认为这个建行馆的大官就是陈廷敬，这座行馆就是陈家的家堂。因此，他们这个村子就叫陈家堂村。依此，他断定皇城陈氏与临漳陈氏确系一族。对于这个重大发现，我们感到非常吃惊。笔者非常理解陈氏家族史研究者希望将陈氏祖先历史彻底搞清楚的迫切愿望。但是，不能无视明显存在的漏洞。任何一个新的发现，都需要有一系列相关联的事实来证明，否则是难以令人信服的。笔者想要追问的是，如果情况真的属实，何以陈廷敬在撰写

《陈氏族谱》时对于他在河北临漳县省亲祭祖的事情只字不提？临漳县距离阳城县并不算远，如果在陈廷敬活着的时候，已经打听并确认了河北临漳县是陈家祖上最初生活居住的地方，他不可能不对族人讲，也不可能轻易放过这一寻根问祖的绝好机会。因此，笔者判断，河北临漳陈氏在造族谱时，可能有攀附显贵之嫌。关于河北临漳陈氏的问题，今后需要做进一步的调查和研究，不可轻信。

2.陈廷敬家族生死空间的营造

以往对陈廷敬家族的研究早已指出，陈氏祖上以经商为主，是典型的煤铁商人。到五世陈天祐考中进士，才开始真正有人步入官场，使陈家从素封之家提升为官宦之家。然而，与其同辈的陈修等人依然是靠经商立家的。陈家祖业经过四世陈琪、五世陈修、六世陈三益、陈三晋、七世陈经济的苦心经营，才积累下雄厚的资产，否则是不可能独立修建河山楼和斗筑居的。据陈昌期所言，修建河山楼"石用三千，砖用三十万，为费颇奢"，用掉他父亲三十年的积蓄。修建斗筑居内城时，又"费千金有余"。单靠陈氏三世陈秀（陕西西乡典史）、四世陈珏（河南滑县典史）、五世陈天祐（陕西按察司副使）等读书做官的人，是不可能有此财力的。

陈氏历代祖先在商业上的成功，为陈氏族人的家园建设和死后的墓地营建提供了经济基础。《陈氏家谱》中记载："陈修为人刚毅慎密，有志用世，竟不售，退而鬻冶铸大富。"万历乙丑科乡进士王洽在为陈修所写的墓表中称："陈氏先世虽饶于赀，至公益充，拓田庐储蓄视曩昔远过，拟于素封。"可见，陈家到陈修时已不是一般的富有。而陈修"诸子力田服贾，克绍箕裘"，自会富上加富。特别是他的四子陈三益，"幼读诗书，长事商贾，性直方正，顾善心计，客游燕豫间，负资累千余金"。崇祯五年，陈昌言兄弟修楼建城的钱财，在其曾祖辈就已打下了雄厚的基础。

（1）生者的世界

对于宗族发展而言，家园营造同样扮演着至关重要的作用。就陈氏家族的居住空间而言，前后经历了三个不同的阶段。第一个阶段是在明崇祯五年之前，该阶段属于陈氏在郭谷里安身并逐渐起家的阶段。该阶段陈氏祖先选择在中道庄和郭谷村两个地方居住。

位于今皇城相府内城的树德院、世德院、容山公府、麒麟院、陈氏宗祠均系明崇祯以前的建筑。其中，树德院建于明中前期，约在宣德至正德年间，为陈氏先祖陈林从泽州沟南村迁入中道庄后几十年间所建。世德院，建于明中后期，约嘉靖至万历年间，以陈廷敬曾祖父陈三乐经商时的商号"世德堂"命名，是陈氏家族兴旺发达成为官宦世家的发祥地，陈廷敬即出生于此。容山公府则是以陈天祐的号"容山"命名的，是陈天祐中进士后，其经商致富的叔父陈珙为侄子亲自建造的新府邸。麒麟院则是陈氏迁入中道庄后，最初用于养马存车的地方，后来在马厩基础上建了房子和花园。陈氏宗祠始建于明嘉靖二十九年（1550），一进两院，三间五架，南北向并列，规模形制不大。由于现存陈氏宗祠系新建，且相关内容

陈昌言主持修建的斗筑居

不多，故不赘述。

随着陈氏家族在嘉靖以后经商和做官两条道路上的成功，陈氏也不再局限于中道庄一隅的发展，而是将势力扩展至大姓望族扎堆的郭峪村中，显示出陈氏家族在郭谷里的竞争优势。至今，郭峪村前街仍有两处陈氏祖宅——老狮院和西都世泽院。其中老狮院是陈廷敬父亲陈昌期居住的地方。据说此院原为某没落家族故居，于明末被陈家买下，成为陈氏房产，陈廷敬父亲陈昌期在康熙三年（1663）进行了翻修，因门口有一对带着若干小狮子的硕大石狮而得名。宅院大门建在高高的七级台阶之上，在多层斗拱组成的牌楼下方门楣上镶嵌着三层书板，书写着陈氏家族从三世陈秀到九世陈廷敬共九个人的科举功名、官职和朝廷的封赠。这一内容与皇城相府内的 "小石牌坊" 内容相似，应同为顺治十四年所立。西都世泽院则是陈氏家族第一位进士——五世祖陈天祐及其子孙居住之地。因陈天祐官至陕西按察司副使，因之命名 "西都世泽"。笔者判断，这里应当是陈天祐在做官之前居住的地方，位于皇城内城的容山公府则是在其做官之后新

郭峪村的老狮院正门

老狮院正门牌楼

皇城相府陈氏宗祠

建的。

陈氏居住空间营建的第二个阶段发生在崇祯初年，以河山楼、斗筑居的修建为主要代表。工程的主持者是陈氏家族的第二位进士——陈廷敬的伯父陈昌言，他对于陈氏宗族建设贡献颇多。顺治十一年由他撰写的《陈氏上世祖茔碑记》就是在这两项工程建设完成后进行的一项重要的宗族建设工作。河山楼和斗筑居的修建背景尽人皆知，源自明末沁河流域的陕西农民军骚乱。河山楼始建于明崇祯五年正月，是继张五典在窦庄修筑沁河流域第一堡——窦庄堡，张慎言在屯城修建"同阁"之后，沁河流域较早动手建堡以自卫的家族之一。陈昌言的未雨绸缪，使陈氏避免了一场浩劫，邻近的郭峪村则由于未有任何防御工事，遭受了血腥杀戮和劫掠，损失惨重。变乱之后才由张鹏云、王重新等倡导修城自保。

鉴于河山楼容量有限，"糇粮包裹不能多藏，至于牛马牲畜，无可躲避"，于是陈昌言便动员全体陈氏族人，修城筑堡，将中道庄所有陈氏宅院全都囊括其中，毕其功于一役，彻底解决安全隐患。但是陈氏族人对此倡议应者寥寥，陈昌言感慨地说："无奈人藏其胸，心各有主，且多贵金钱而贱命，竟城筑舍，良可太息。余计无复之，莫能相强，不得不就余所居址处自为修葺，然东、西两面地基系族人业，数传以来，苦不肯相成。余恳亲友力求，破金多许，复兑以业，始克迁就，种种变态，思之可叹。"这一席话，让我们不难理解陈

河山楼

斗筑居铭

昌言对与陈氏族人的失望和愤怒，亦可知斗筑居的修建，并非一般人想象中的那么一帆风顺，也并非是举陈氏全族之力完成的，充其量只是陈氏家族中以陈昌言为代表的这一比较强势的支派，为实现士绅精英们"修身齐家"理想而进行的努力。作为一名有理想有抱负的知识精英，陈昌言所感受到的是一种不被人理解的孤寂，所以他后来辞官返乡后便很少与人来往。颇有意味的是，陈昌言修城筑堡的举动虽然无法赢得全体族人的支持，其本人却因此而好事不断。崇祯七年，城堡修建中，他考中了进士，接着又赴任直隶乐亭知县，不久升任都察院浙江道监察御史，巡按山东。随着陈昌言官位的提升，他在陈氏家族中就拥有了更大的发言权。入清以后，陈昌言被清廷以原官起用，依然是陈氏族人中最有威信的人。顺治十二年，陈昌言以斗筑居主人的身份立下家训《斗筑居铭垂训后人》，并将其刻在斗筑居的陈氏宗祠正院墙壁之上。他用131个字要求陈氏后人务必了解斗筑居创建不易和守业之难，告诫族人一定要世守勿替。

皇城相府斗筑居文昌阁，内祀文昌帝君

皇城相府斗筑居春秋阁，内祀关帝

顺治十四年小石牌坊

陈氏家族营建家园的第三个阶段是在清代顺治至康熙43年。这一时期也是陈氏家族营建家园的最高潮。在此阶段，陈昌言在斗筑居内新建了御史府，又由其弟陈昌期在斗筑居外买到四十余亩闲田，由陈昌言亲自设计，一部分用来种地，一部分用来修建供子弟读书、怡情的花园，命名为止园。顺治十四年，陈氏族人在斗筑居门外新建功德牌坊，正面刻陈秀、陈珏、陈天祐、陈三晋、陈经济、陈昌言六位陈氏族人中有官衔者；背面刻陈天祐、陈三晋、陈昌言、陈元、陈昌期、陈敬六位有科举功名者。这既是对族人的一种教育和勉励，又是对外人的一种宣扬和炫耀，显示了陈氏家族注重科举入仕的传统。

康熙二十年，随着人口的繁衍，斗筑居已是人满为患，陈氏族人开始有外迁的想法。这时，陈廷敬的曾祖陈经济主张各户自愿搬迁外住。于是，在陈廷敬兄弟辈逐渐向外迁移。其中，陈廷统子辈迁居郭峪村，置"安雅堂"；陈廷弼子辈迁河南禹州；陈廷敬长子陈谦吉迁沁河岸边的屯城村，成为屯城村的一股新势力；次子陈豫朋迁居南书院。康熙三十八年以后，陈廷敬先后出任吏部尚书、文渊阁大学士，堪与白巷里王氏相比肩。于是陈氏家族又进行了一轮新的扩建。在斗筑居外新建了大学士第、东西花园，并修筑了不同于斗筑居的外城墙，使中道庄陈家宅院形成了内外双城堡的结构。但是，从这些新建和外迁行为来看，大多数只是陈氏家族成员的个体行为，并非集体行为。陈廷敬给陈氏修筑外城墙的行为与其叔父陈昌言修建斗筑居内城的行为一样，均可视为士绅精英们实现其家族营建理想的个人行为。对于陈氏敬宗收族的目标而言，康熙三十八年象征

冢宰总宪牌坊

陈氏最高荣誉的"冢宰总宪牌坊"和康熙四十二年高大气派的中道庄城楼的相继落成，是陈氏家族几代人奋志青云的顶点，也是沁河流域家族科举入仕的成功典范。

在一派喧嚣之后，理性地思考不难发现，陈氏家族的家园营建更多的是陈氏族中几位关键人物的历史行动。陈氏宗族的历史书写，一直就掌控在以陈三晋——陈昌言、陈昌期——陈廷敬等人为主体的宗族精英手中。陈氏宗族的家园营建，也是掌握文字、财富和权力资源的人，藉以实现其

康熙帝御书

宗族理想的一个手段，其他人的思想和行为都已经被过滤掉了。正因为如此，在宗族实践中，便会出现个人意志要么凌驾于集体意志之上，要么与集体意志相互冲突的现象。

（2）逝者的世界

研究者过去在谈及宗族问题时，经常会以族谱、祠堂、族产等要素健全与否来衡量宗族的发展水平。若以此来衡量陈廷敬家族，似乎也没有什么特别突出的地方。然而就笔者的观察而言，沁河流域的这些大姓望族，似乎对祖先坟茔的选址和建设有着特殊的关注和要求。在他们看来，祖先坟地的好坏、建设的好坏、管理的好坏，都直接关系到家族后代的兴衰成败。对于陈廷敬家族而言，这一点体现得尤其明显。陈廷敬家族从始迁阳城的祖先陈林算起，先后有虞家山老坟，是为陈氏上世祖茔；位于樊山顶上的老母庵和百鹤阡，是为陈廷敬父母的坟茔；位于静坪山的紫云阡，则是陈廷敬本人及其曾祖陈三乐、高祖陈修和天祖陈琪的坟茔。此外，还有一个名曰"德阡"的新茔，是陈廷敬的二弟及其子孙四代人的坟地。囿于资料，本节仅就前三个坟茔进行分析。

虞家山老坟　该坟地又名永昌坪，是陈氏始迁祖陈林、二世祖陈秀、三世祖陈珙等人的茔地。顺治十一年，陈昌言在《陈氏上世祖茔碑记》中曾言及此坟，"庄之东北距家七里许，有祖茔一区，名虞家山。阅余高伯祖孟壁公所载先人遗嘱中，盖云永昌坪也。"此处孟壁公，是陈昌言的高祖陈珙之兄陈珏。这就表明陈氏自迁入阳城后，尽管已经过去七代人，对于其祖先茔地的记忆还是非常清楚的。康熙三十九年陈廷愫在《陈公鸿志墓碑》中，又明确地讲："始祖林，林生秀，秀生珏、珦、珙，同葬于家山永昌坪"，可以与此相印证。这种记忆的选择性，反映了历史当事人的认知态度和水平。

对于虞家山这个祖茔，陈氏子孙显得格外重视。陈昌言兄弟俩在确认了这个祖茔后，还将茔地四至范围写明刻碑，又把专门供应坟地修补祭祀费用的祭田另行登记在册。在此基础上，对陈氏族人又做了一系列规定："凡我后之族人，经管见年理事者，即动赡茔地租谷治办祭品，务要虔洁。宜期定以清明为率，集众躬与其事，莫可废也。苟或废弃，则非我族姓，自处乎不考而犲獭之不如也。设租谷有余，则修葺墓所，无致为山水冲损。"这个规定看起来相当严格，行文中为了防止族人出现不守规矩的行为，甚至不惜使用谩骂侮辱的词汇，提醒族人一定要高度重视。他们觉得只有如此，才可以使陈氏家族源深流长，根培枝茂。

老母庵与百鹤阡　老母庵是陈廷敬母亲张氏生前避暑休闲的地方，位于中道庄陈家府邸东北六七公里。坐落于樊山南侧，背靠主峰，两旁为凸起的山丘，林密泉涌，环境幽静。百鹤阡是陈廷敬为其父母精心挑选的坟茔，就位于老母庵附近不远的地方。对于老母庵，陈昌期是有着特殊感情的。据他讲，"老母庵在樊山左腋，余家中道庄发祥龙脉也。崇祯庚午，余兄侍御公读书发迹，实始于此。虽曰人为，亦山之效灵，神之默祐也。"不仅如此，陈昌期和他的妻子张氏也非常喜欢这里的景致，所谓"茂林环列，清流激湍，仿佛兰亭之胜。阳沁里居贤达，时游诵其中。"

老母庵正门

由于陈氏当时已经是远近闻名的名门望族，加之陈氏认为这里是其家族发祥的龙脉所在。因此便经常给老母庵布施银钱，供奉香火地，不时投资修理，"一应山场树木田粮庙舍，逐一登券，任为修理。……无几而废址重新，为费甚夥，凡土木、工食之需，无不殚力独营。"于是老母庵便与中道庄陈家结下不解之缘。

康熙十七年，陈廷敬母亲张太夫人亡故，陈廷敬专门请了风水先生为其母亲选取坟茔。之所以如此，一是出于孝心，二是与康熙十六年刚刚发生在郭峪村王重新后人身上的蹊跷经历有关。王重新是郭峪有名的豪商，病故于顺治十四年后，其子王熙明、王康明将其葬于他生前已经选好的一块墓地。但是他死后三年内，王家迭出意外，其继妻、两个儿子和妻子、一个孙子共6人相继亡故，恐怖至极，王家亦由此人丁稀落，一下子衰落下来。王家后人认为这是其坟地没有选好，赶忙从外地邀请懂风水的堪舆家为其重选坟茔。陈廷敬亲历此事，受到很大的震撼。因此在他母亲身上，自然不能含糊。结果"请堪舆遍历群山，遂卜居于樊之百鹤阡"。

老母庵古建群

这个地方距离老母庵应该很近，于是陈廷敬便决定在老母庵旁另建"思母庵"，以寄托对其母亲的哀思。陈廷敬当时已经是朝廷吏部尚书，一品大员，这个愿望自然很容易便得到了满足。但是老母庵只是陈氏家族的香火庙，并非陈氏族产。据乾隆五十年陈氏后人陈汝枢在《老姥掌修缮碑记》中说："将己所分庙之前后左右环绕山场仍施入庙……思此地先人既为香火地，凡我陈氏后世，不得视为己业。"

康熙三十一年，陈廷敬父亲陈昌期卒于里，享年八十五岁。陈廷敬将父母合葬于百鹤阡，并在位于樊山之巅的樊山村，为其父修建了高大的牌楼。牌楼高约5米，宽7米，为四柱三门式石筑牌坊，雕刻精细，装饰华丽。石柱底座前为四组抱鼓石，上刻有造型生动的石狮子。檐下中间设石栏板三层，左右各二层。中间的上层题有"纶诰天申"四个大字，中间为"封冢宰陈公茔"，下部写"貤赠相国"。左边两层刻"显亲"和"总宪万邦"，右边两层为"戴君"和"晋阶一品"。由于村人的世代保护，该牌楼除下部石雕现略有破损外，整体仍然完好。

樊山村的相国牌楼

陈昌期茔地位于"相国牌楼"东北的樊山村边。墓地规模宏大，占地面积20余亩。坐南朝北，依山势而建，南高北低，视野开阔。沿台阶而上，迎面为石筑过门，门首上刻有"皇恩宠赐"匾额。甬道两旁排列着石刻仪仗，有石马、石虎、石人、石羊和石狮座顶的石望柱，成东西两队，使人感到陈家祖茔的奢华与庞大。陈昌期的坟冢居于中轴线正南，坟前立有墓碑和砂岩香炉座，两旁一字排列着八座龙首龟驮碑亭。但由于年代久远，多数碑文已字迹不清，只是近年来经过樊山人的维修，才将这些残破的石碑重竖起来，并按原样修复了碑亭，建起围墙，成为樊山开发旅游的一大人文景观。

静坪山与紫云阡 静坪山是陈氏在明代万历时新选的一个祖茔地，位于中道庄北约500米处。陈廷敬的五世祖陈珙、高祖陈修、曾祖陈三乐、曾叔祖陈三益、祖父陈经济、陈廷敬本人及其子陈壮履等人均埋葬于此。其中，五世祖陈珙本葬在虞家山老坟，万历八年，陈珙的孙子陈三晋将其迁葬于静坪山之阳。由此可知，静坪山祖茔地的选址与陈廷敬无关。

百鹤阡——陈廷敬父亲陈昌期墓地

　　紫云阡是专指陈廷敬的墓地。这个地方位于"大端坪"之阳，距离静坪陈氏历代祖先墓地仅有十几步远。因此，可以将静坪山祖茔和陈廷敬的紫云阡视为一体。陈廷敬的弟弟陈廷愫在《紫云阡跋》中对陈氏家族的这个新坟地，有高度评价。他说"吾家祖茔四处皆一气回环贯注，是阡之吉，概可知也。""紫云阡"的得名，源自于取土挖坟时候的一些吉祥征兆，"甫辟土，于兆侧得虚圹焉，中空洞无一物，云气蒸郁，凝膏如乳，累累下垂。四周则藤萝纠结，状类缨络，其色紫，其芬烈似芸。信地气钟灵，先示瑞应。"于是由陈壮履为之取名紫云阡。

这里比较有意思的是，陈廷敬为其父母所选的坟地百鹤阡，位居樊山之巅。而其本人却没有和自己的父母亲葬在一处，而是葬在了陈氏历代祖茔地，何以如此安排，确实颇费思量。不过，单就百鹤阡和紫云阡两个坟地而言，却有很多相似的设计和营建理念。风水宝地自不必多言。陈廷敬在百鹤阡给其父母亲修了彰显其功绩荣耀的石牌坊，又立有多通碑铭，显示祖先生前身后的荣耀。在百鹤阡，我们能够感到其坟茔的意气和张扬。同样，陈壮履也是如法炮制，且极尽张扬之能事。陈壮履将康熙皇帝御赐给他父亲的所有荣耀一股脑地全都在紫云阡表达出来。在通往紫云阡的墓道两侧，我们能够依次看到康熙御书挽诗碑、康熙帝两次御制祭文、恩赐阔器、特赐帑金、叠遣近臣存问、钦命亲王临奠、遣官护丧归葬、陈

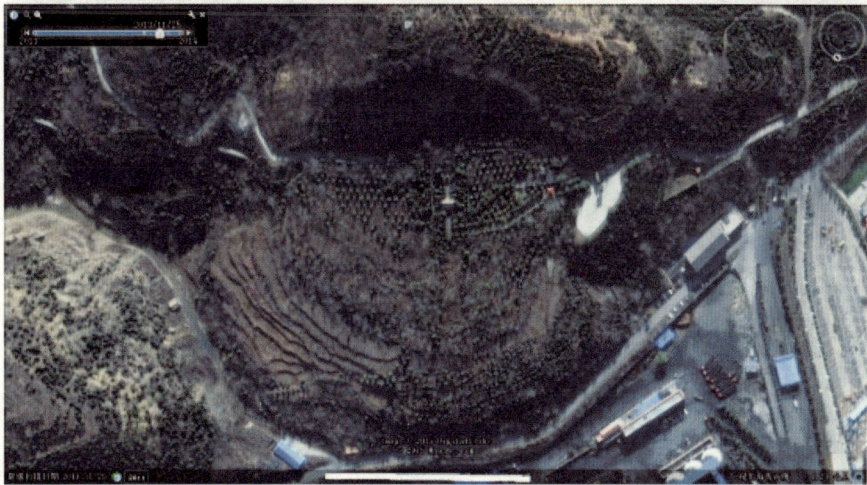

陈氏静坪山祖茔地

陈廷敬墓碑

紫云阡

陈廷敬墓地石牌楼

廷敬历次升迁的圣旨碑。

对于陈氏家族而言，无论是在生者的世界里，还是在死者的世界里，均显现出浓厚的儒家伦理道德和"官文化"的气息。无论是中道庄里夸官炫耀的石牌坊，还是百鹤阡和紫云阡里陈廷敬父子的御赐碑文和牌坊，均在向世人讲述着清代陈廷敬家族"学成文武艺，货与帝王家"的精神追求，这同样是明清以来沁河流域家族文化的一个最典型的代表和最完美的诠释。

五、儒商异途：沁水西文兴村柳氏家族的宗族理想

坦率地讲，西文兴村柳氏在沁河流域的众多大姓望族之中，并不是特别显眼。既没有诞生位居朝堂的高官，也没有如阳城王重新、李思孝那样富甲一方的巨贾。其之所以为世人所关注，与近些年来沁河流域晋城市、沁水县两级地方政府重视乡村文化旅游资源开发、推动地方经济转型有着密切关系。

柳氏民居新建的正门

柳氏民居以其合理的建筑空间布局、精美绝伦的三雕艺术、散发着浓厚传统文化理念的家族生存哲学以及开发者标榜的所谓"柳宗元后裔"这一名人效应，引起越来越多旅游者、文化学者、建筑学家、艺术家的高度认可和关注。加之有"柳氏民居实业开发有限公司"的投资赞助、形象包装和广告宣传，柳氏民居现已成为晋东南乡村文化旅游的一个热点。于是，随之而来的便是人们对西文兴柳氏家族的关注和研讨，很多问题便在众声喧哗之中慢慢显露出来，引起争议和激烈论辩。其中，"西文兴柳氏是否柳宗元后裔"这一问题最为引人瞩目。参与西文兴柳氏民居旅游开发

中国历史文化名村西文兴

的沁水地方人士，曾千方百计寻找依据，试图确认西文兴柳氏系柳宗元后裔这一事实，进而指出明清两代西文兴柳氏作为科举世家，共产生了8位进士，2位文武状元云云。

一石激起千层浪。管见所及，沁水籍两位田姓学者——山西大学田同旭教授和晋城市文联作家田澍中先生分别在《沁水县志三种》之旧史辩证《西文兴柳氏民居之辩证》（山西人民出版社2009年版）和《梦回沁水》（山西人民出版社2012年版）第七章《柳氏文化》中，分别针对柳宗元及其后裔去向问题和明清两代西文兴柳氏的科举成就问题做了针锋相对的研究，基本否定了西文兴柳氏作为柳宗元族裔的判断，客观揭示了西文兴柳氏在明清时代科考和做官的实际情况，可以说已是尘埃落定，毋庸赘述。本节将充分利用西文兴柳氏的家族碑刻资料，试图从宗族史的角度，对柳氏进入西文兴村以后的宗族实践和造族过程加以分析解读，呈现柳氏在西文兴村的实际生活面貌和生存策略，以此来提高人们对西文兴柳氏的认识。

全国重点文物保护单位柳氏民居

1.读书与经商：柳氏家族的两个尝试

姑且撇开"西文兴柳氏与柳宗元"这一争议话题不谈，单就西文兴柳氏来源问题做一梳理，应该是可以求同存异，达成某种共识的。从以往的研究中可知，西文兴柳氏在明代曾修过一部家谱，惜此谱现已不存。唯一可查的是《河东柳氏西文兴环山居家谱》，该谱系2002年，由沁水县党史研究室主任兼沁水柳氏民居管理处主任、副研究员王良主持编修的。

在这部新谱中，收录了编者1978年在西文兴村柳增寿家抄录的《柳氏族谱》序残页上的一段文字："唐末始祖遵训自河东徙沁历，旧家翼关。永乐居沁文兴。妻河东蒲州杨氏。森、松、梅、桧为甲，报本河东先世高祖，勿忘河东，每逢三坛祭祀，合族报本……"这是目前所见所有文献中关于西文兴柳氏源起最为清楚的一段文字。然孤证不立，从柳氏家族碑刻

西文兴村关帝庙内的环山居石碑

中亦可以搜寻到历代柳氏族人和一些熟悉柳氏的当地名人，如沁水人刘东星等，对西文兴柳氏来历的认识。嘉靖二十九年，柳遇春在《柳氏宗支图碑记》中有"唐末始祖自河东徙沁"的话；万历二十五年，刘东星为柳遇春撰写的墓志铭中有："其先世河东人，唐末徙居沁。"上述说法中，除了王良所抄录不知何人所撰《柳氏族谱》序中那段相当明确的话之外，其余碑刻在言及该问题时均是一种语焉不详的感觉。其核心词汇不出柳遇春"唐末始祖自河东徙沁"一语。到了清代，碑文中首次出现了西文兴柳氏始迁祖柳琛的名讳。嘉庆十四年，沁水窦庄人，进士窦心传（嘉庆二十二年进士）在为柳春芳撰写的墓志铭中说："始祖琛，由翼城县迁邑之文兴村，以耕读为业。"汇总以上家谱、碑刻中的说法，我们对柳氏自河东迁沁水的过程可以大体判断如下：柳氏祖先原本世居河东，即今永济市蒲州镇文学村。唐末自河东首迁至翼城南关。明永乐年间再从翼城南关迁至沁水西文兴，始迁祖是柳琛，娶妻蒲州杨氏，生有四子。至今，在翼城县南

柳氏民居入口巍峨的魁星楼

关还有"河东旧家"的门匾可证。由于河东是柳氏郡望所在，因此我们可以说西文兴柳氏可能是河东柳氏迁入沁水的一支，但未必就是柳宗元的族裔，二者没有必然的关系。至于柳氏两次迁徙的原因，则缺乏更直接可靠的史料来解释了。

不过，笔者更为关心的则是柳氏迁居西文兴后的生计方式和宗族发展的问题。结合文献和已有的研究可知，柳琛到达西文兴后，先是以耕读为业来立稳脚跟的。万历八年《河东柳氏训道碑》中，柳方春、柳逢春兄弟俩就很自豪地宣称："吾族河东世家，门闾兴旺。世居沁邑历山文兴，亦乃沁邑名门望族也。予族世代子孙，未读发达，为士大夫身。"不可否认，柳家很重视诗书礼仪，并且严格按照儒教的传统和理念去教育子弟。但要说柳家是"士大夫身"，则有往自己脸上贴金之嫌了。前揭田澍中先生对柳氏定居西文兴后的科举仕进业绩一一做了考订后发现，柳家在明清两代虽然有不少读书人，但也只有两人中举，连一个进士都没有出过，多数人不过是读过一些书的生员秀才而已。

明清两代，柳氏举族之中，第一个做官的是第六代孙柳遇春。此人少时在离家百里的沁水县武安村，跟随赵明山先生学习《易经》，后前往太原河汾书院读书求学，嘉靖二十五年中举，年轻时表现优异，"督学俞公试奇其文，取冠邑士"，"士多以大魁期之"。然而参加了九次会试，均未能考中进士。直至隆庆五年（1571），他49岁时，才获得了人生第一个职务——甘肃"巩昌别驾"，从五品。后因表现优秀，擢升山东登州府"宁海太守"，因耽搁了上任的时限而被免职。后经申诉才重新获得一个职位，陕西同州知州，从五品，"寻解官归，囊无余积，岁入不足以供所出，恬如也。"这个在柳氏家族历史上地位最为重要的人物，只做了六年官，55岁便辞官回乡了。在此，我们也注意到，柳遇春做官并没有取得多大财富，而柳氏民居的家园营造和宗族建设恰恰是在柳遇春回乡后开始的。如果没有雄厚的物力财力和眼界卓识，根本无法打造出柳氏民居这样的精美建筑。西文兴柳氏成功之处就在于读书与经商并重。尤其是他们在商业上的成功，使西文兴柳氏拥有了更多教养子弟，结交地方名流、促进家族繁衍的资本。

柳遇春之后，另外一个做官的便是清代柳氏族中一个重要人物柳春芳的孙子——柳琳。关于他的资料并不多见，唯在其父柳茂中的墓表中有"公冢子润斋，授郡司马加二级。"冢子即长子，柳琳是柳茂中的长子，获得"郡司马加二级"的职位，即州同知，系从五品衔。除了柳遇春、柳琳之外，明清两代柳氏再无人做官。过去人们通常用是否中了举人进士、是否在朝廷中做了大官来作为衡量传统时代一个家族成功与否的标准。在我看来，这只是一个世俗的标准。柳氏族人将科举仕途上的不顺利置换成了商业上的成功，走出了一条读书人经商成功的独特路径，在人才济济的沁河流域可谓独树一帜。

关于柳氏经商的直接史料，并没有太多，但是间接史料却为数不少，可以帮助我们初步还原柳氏家族商业的基本轮廓。与柳遇春同辈分的柳逢春，就是一个经商成功的大商人。据民国二十年《继志堂庄田山场兼补修工程碑记》载，"皇明嘉靖年间，六世祖柳逢春，生性刚直，抱经纬

司马第大院

之才，怀平治之术，凛乎有豪杰之风焉。资产充足，产业阔大。始亲置南山、东川山场、庄田、荒熟阡陌，置其广阔。年至六旬，身乏无嗣，无人照管，因而充公于祠堂，传流子孙收租，每年三坛之期所需用，诚敬奠祭。"这则史料是柳氏后人在回忆明代祖先创置家业族产的过程。从中可知，在柳逢春的时代，柳氏已经是当地一个有雄厚实力的大财主了，拥有不少山场、庄田和土地。只是因为柳逢春无后，故将其产业充公，成为族产，供族人收租、祭祀花费使用。万历八年，柳方春、柳逢春在《河东柳氏训道碑》中宣称柳氏家族"田邑广阔，典当驿号，酌族世产，永勿分割。"可见，柳家的生意是以地产、典当和客栈作为主要经营对象的。或许是因为客栈开设较多的缘故，柳逢春在该碑中又立下一个规矩，"身赴任所及徙邸者，勿宿异姓驿，节俭支银。京归吾府者，勿宿异姓驿，恐骚官衙。"可见，柳氏的客店应当是开在不少交通要道和驿站，否则不可能做到族人外出或从京城回乡，千里之遥只住自家开设的旅店而不住别家的旅店。关于柳氏家族开设典当业的情况，道光十四年《重修关王庙宇募缘碑叙》提供了很好的证据。据碑文所言，西文兴村原有一座关帝庙，在明嘉靖年间、清乾隆年间，柳氏先辈均曾先后出资修缮过。但是到了道光年间，当关帝庙需要再次修缮时，柳氏的家族商业经营出现了一些问题，没有财力去投资这项工程了。于是柳家主事者柳茂源，便派遣子侄孙"各持一簿，走恳仁人君子"，募化修庙资金，结果竟有68家商号捐资。其中不少是柳家在沁水、阳城、凤台、河南、江苏等地开设的典当行，足见当时已经处在生意衰落中的柳氏家族产业之大。

柳春芳（1739—1806）及其长子柳茂中是继明代柳逢春之后柳氏家族历史上又涌现出的两位商业奇才。柳春芳兄弟三个，其排行第三，据说他自幼"生而颖异，自命不凡，博闻强识"，慨然有破万里浪之志。其父柳月桂认为他是个读书的料，便送他出门游学，将家中事务托付给两位兄长操持。他先后游历河南、山东等地，能力很强，尊官与贵人见之，莫不器之。然不知何故，他并未科考做官，而是"游庠后，客齐、豫间，营盐务，非以权利也。鱼盐亦贤豪奋迹之区，志在国家者，固将借以图进取耳。"看来他经营盐业这个国家垄断的行业，是希望以此来实现其报国的志向。机遇只垂青于有准备的人。嘉庆六年，川陕楚发生白莲教起义，清政府派兵镇压，"公慨然捐输。朝廷嘉其向义，授以职，貤赠其先世。"由此，朝廷授予他昭武都尉的正四品散官头衔，他的祖父母、父母也按照朝廷惯例获得了同样的封赠。可见，柳春芳做盐业生意还是获得了很大成功的，否则是不可能有实力去给朝廷助剿饷银的。柳春芳不仅对朝廷，对于沁水的父老乡亲也多有义举。据光绪《沁水县志》记载："柳春芳，好善乐施，嘉庆九年岁歉，散粟数百石赈济七村人，各村皆颂其德，以匾其门。"后来当地再次发生饥荒时，柳春芳又二次出手相助，"嘉庆十一年，大旱无秋，公出粟赈济村民，兼及邻村，沾惠者四百余家，众感泣莫能忘，因悬匾树碑。"

与父亲柳春芳相比，柳茂中表现出了同样的商业才干，并获得他父亲的高度信任。据嘉庆六年进士沁水人霍庆姚为其撰写的墓表所言，"初，公父圣和公，秉睢阳盐政，兼办典务，以佐理乏人召公，公遂弃笔砚，游河洛间，游刃有余，料事多中，不数年间，而赀雄一邑也。圣和公知公足

中宪第大院

以胜任也，内外事务一委诸公，己乃遨游南北。"嘉庆年间柳春芳为朝廷助饷银和赈济乡邻的活动中，均有柳茂中的身影。不仅如此，嘉庆十六年，他还在西文兴村积极创修魁星阁、真武阁和文昌阁，并取得了实效。其长子柳琳被朝廷授予"郡司马加二级"，作为其祖父的柳春芳和父亲柳茂中，均获得朝廷"中宪大夫"（正四品）的封号。按照霍庆姚的说法，柳茂中和他的父亲柳春芳成功的秘诀便在于"以轻赀财不析箸为要务"，这也是西文兴柳氏世代传承的家族精神。

2.读书人与生意人的宗族实践

雄厚的财力是西文兴柳氏进行宗族建设的保障。柳氏造族与柳遇春及其同辈兄弟们的努力分不开。柳遇春提供的是智力，其经商致富的兄弟们提供的是财力。智力和财力在此实现了完美的结合。对于柳氏全族而言，柳遇春既是举人出身，又是长门长支，用他的话讲，"先君暨予之子之林，三世皆嫡长子，而宗子责在予"，因此他个人觉得有责任和义务承担起宗子应该做的事情。加之其父柳大濩在世时，一直想要为柳家修建一个祠堂。但是，修谱建祠的工作非常繁琐，只能一步一步地做起。柳遇春的造族活动，便首先从绘制《柳氏宗支图》开始着手了。

《柳氏宗支图》完成于明嘉靖二十九年（1550），此时距嘉靖初年的大礼议已过去了20余年，正是各地有财力、实力和势力的大姓进行宗族建设的一个高潮期。柳遇春作为一个举人，自然明白其中的分寸和道理。在《柳氏宗支图记》中，他记下了自己的想法和做法。他发现，从明永乐年间进入西文兴村的柳氏始迁祖柳琛起，"历国初迄今，以甲分者四，以户分者十，而其初则一人也。"如果再不及时修谱，则可能会出现苏洵所言"情见乎亲，亲见于服，服尽则亲尽，亲尽则情尽，情尽则喜不庆，忧不吊，相视如途人"的状况，为了避免"由一人而为途人"，他便绘制了这幅《柳氏宗支图》。这是其敬宗收族工作的第一步。

紧接着，他要做的便是建祠堂、定礼仪、立族规。柳氏兴建祠堂开始于隆庆三年，历经三年，直至隆庆六年，柳遇春辞官返乡的时候始落成。按照时间推断，祠堂开始修建时，柳遇春还在外做官，不可能亲自参与其事。因此实际做事的人，应当是柳逢春等人。因为柳逢春是当时柳氏家族中经商最成功、最富有的人。祠堂虽然已经落成，但柳遇春对此还是心存内疚的，他说："礼，君子将营宫室庙为先，而予独后焉，罪也。"当然，这也是他的一种姿态而已。关于祠堂落成以后如何操作的问题，完全是按照柳遇春的设想进行布置的，据《柳氏祠堂仪式记》载："乃参酌程朱之议，奉高祖以下神主，次第列龛，躬行祀事。因考诸家礼，列式于后，又以冠婚丧礼，有关于祠堂者附以予意并列焉。"这样，就为柳氏全族定下了祠堂祭祖的礼仪及日常祭祀的各项具体条例和规范。规定族人行冠礼、结婚、生子、授官、封赠、丧葬等所有人生大事，都必须到祠堂告祖宗，并且拟定了各项祝文。每年的节俗如正月初一、十五、五月初五、七月初七、七月十五、中秋、重阳、冬至、除夕等节日，都要在祠堂进行祭奠活动，宣扬族训，凝聚宗族。西文兴柳氏自此便成为一个按照程朱理学和朱子家礼建设的一个规范的宗族实体了。在沁河流域所见大姓望族之中，类似西文兴柳氏这样有着明确礼仪规范的实体宗族也是为数不多的，具有典型性。

颇有意味的是，柳遇春按照朱子家礼所订下的柳氏祠堂仪式只是在形式上具有了标准化的操作规程，它只是一个仪式化的照搬过来的东西，并未将其与具有西文兴柳氏特点的内容融合到一起。这个工作，是由手握柳氏财政大权和实际话语权的柳逢春在万历八年完成的。由柳逢春亲自撰写的这篇《河东柳氏训道记》，完全是站在一个商人的立场上，告诫后人如何去维系家族产业长盛不衰，并提出了具体的要求。兹择其要点誊录如下：

> 田邑广阔，典当驿号，酌族世产，永勿分割。族人衣食、子孙游庠、贤士归祠祭祀、游刃榷利生意、封赠仪式，律以拨支，须等克勤克俭。吾族贤士、处士，逢授、拜、除、命、简，或起点拔萃、俸满开缺、迁复守制、起复开复者，身赴任所及徙邸者，勿宿异姓驿，节俭支银。京归吾府者，勿宿异姓驿，恐骚官衙。
>
> 家道兴衰，须守道之而勿违也。资产充足，产业阔大，须克俭之而勿贪也。……族业之产，永勿分割，家中财产，以长幼次第，经营生意，管理账余。依次管理有违者罚。有长于此而短于彼者，随材也。至幼年子孙，无论智愚贤否，惟以读书为主，欲求上进。……如读书十分无望者，或挪管庄田，或佐理账总，勿使游手好闲，然后不至荡松逾闲。……生意房产永不许瓜分也……总之，家道之败，败于分产之由。由于听妻子之言，而所以听妻子之言，则偏私中之也。

这段话的核心思想便是"生意房产永不许瓜分"。我们与其将它当作柳氏家族的训道记，不如将其视作一个经商成功人士在夸耀其生意场上的成功经验、并教导子弟如何经商，怎样保持竞争力的一部"生意经"。与之前举人柳遇春绘制宗支图和颁布祠堂礼仪的行为相比，一个是读书人的

柳氏民居新修的柳氏宗祠

王国光题词诗碣

理想，一个是生意人的现实，其境界之高下立现。对于柳氏宗族而言，究竟是柳遇春所设计的宗族理想具有实践意义，还是柳逢春对柳氏族人的规训具有实践意义呢？从过程来看，柳逢春"不分家"的规训在柳氏宗族的实践中不断遭受挑战，以至于到了清代中期柳氏族人不得不面临分家析产的尴尬局面。

比起财大气粗的自家兄弟柳逢春，柳遇春毕竟是一个官场不如意的落魄文人。他有他的生活方式和人生理想，却无法将自己的理想信念强加于别人头上。于是我们看到，柳遇春在辞官回乡之后，除了参与上述活动之外，一直在积极践行一个读书人的理想——修身与修心。他积极与地方名流、士人交往。与同时代沁河流域最有影响的人物王国光、刘东星、张五典、张升等均有交往，且互有姻亲之好。前引刘东星为其撰述的墓志铭中，就讲述了他的这种交往和雅趣："遇佳节与二三耆旧结社引觞，萧然自适。生平好贮古书及名人墨刻，评骘时秋以秦汉为□，督子姓修业，蔚有令闻。"至今，在西文兴村还保留了不少名家的书法和诗作，其中很多都与柳遇春有关。目前仍存于柳氏民居的有：宋代理学家朱熹的书法碑一通，明代文学家王阳明的书法碑二通，明代曲江书法家方元焕的草书碑刻四通，明户部侍郎、吏部尚书、可乐山人王国光诗作碑刻一通，明代内阁协办大学士田宜奄的诗作碑刻二通，大书法家文徵明的书法碑一通，郑观洛的书法碑一通。足见，柳遇春是在以个人的努力，为柳氏家族营造读诗书、重礼仪的家族氛围。

万历二十四年（1596），柳遇春离世，享年75岁。刘东星说他虽然在政治上"名不满望，位不酬德"，但是他却能"身享遐龄，优游考终，有子能读父书，有孙绳绳继美"，说这是老天对他的补偿。然而柳氏家族此后并未沿着他所设计的道路发展下去，而是经历了更大的变革，日渐衰败。尤其是崇祯末年，沁河流域有陕西农民起义军的骚乱，"死于贼变者，不可胜计"，"境内人民尽逃奔他方，城池故土，竟为贼之营垒战场矣"（崇祯十五年《中村庙兵荒碑记》）。这场祸乱从崇祯四年开始，持续到崇祯十年，期间沁水县城被攻破，千余人盘踞兹土凡五载。柳氏作为

西文兴村关帝庙内现存王阳明书法碑

乾隆七年《重修祠堂碑记》

沁水远近闻名的大姓望族，自然难逃浩劫，"自闯贼作乱，房屋损坏，老幼皆逃，先祖之堂，遂成狼狈矣。"（乾隆七年《重修祠堂碑记》）

从本质上来说，西文兴柳氏属于一个经商为主的大家族，他不同于一般商人的地方在于更加重视读书教育和家族礼仪规范。因此，柳氏家族的命运沉浮和他们所处时代的兴衰、生意场上的盛衰密切联系在一起。到乾嘉时期，在太平盛世之下，加之柳春芳、柳茂中父子经商的成功，柳氏家族又开始了恢复重建。乾隆六年，庠生柳兴海纠集族人动工重修祠堂，"建修堂殿五间，增补东西各五间，以及大门、便门，共费银钞百有余两。"（乾隆七年《重修祠堂碑记》）这项工程历时19个月始告成。

对于家大业大的柳氏家族而言，宗族的意义究竟是文化上、心理上、仪式上的敬宗收族，还是纯粹功能性的、以同居共财的方式来维系宗族的长盛不衰？由于此时缺少了一个柳遇春式的、深谙宗族之义的读书人，因此在一个由商人主导的家族环境中，后者便取代前者成为柳氏的主流意识。嘉庆十一年（1806），一代巨贾柳春芳在离世之前，给子女们留下了《河东柳氏传家遗训》，他的口吻与其六世祖柳逢春何其相似乃尔：

> 吾今六十八岁，辛苦一生，始有微赀，可谓艰难之至。尔乎自当克勤克俭，以守基业。乃有不肖子弟，非嫖即赌，或各图自便，争分遗业，此等无耻之人，荡产破家，其祸尤小，败坏家声，其患甚大，当驱逐之毋贷。若弃蔑家法，混搅不去，无论为长为幼，务要鸣官究治，家不必溺爱。然子侄也，非仇雠也，给地二十亩，房一所，令其夫妇别居自度，俟其悔过迁善，仍招之待以常礼。

然而，这种严厉的说教和劝诫已经难以阻止宗族分崩离析的命运了。道光四年（1824），在柳春芳的次子柳茂源手中，被迫主持了柳氏家族的首次分家。对于这次分家的来龙去脉，柳茂源在《柳氏家训碑》中进行了详细的叙述：

> 吾家数年以来，疏于料理，日费益繁，又兼生意赔累，银票赔数，以致浮记长支，家中使用尽属本金，通盘计算，已将阳、沁四典本金耗致十无二三，言念及此，甚为寒心。想吾父兄数十年备尝辛苦，留此基业，若不能保守，不惟生无以对亲友，即死有何颜面见先人于地下乎。且吾父兄言犹在耳：教子孙世世同居，生意财产，永不许瓜分。今吾为尔等指拨，不孝不悌，罪莫大焉。尔等未能勤俭持家，和顺聚处，亦是我无家训，而咎又何辞！无奈将商丘二典本金，每份拨给钱五千串，而兄弟十三人，虽系三支，皆是祖先一脉。黄甲乃长子长孙，定照十四份分拨。每年粮食不拘老幼仍按口均派。所有穿着日用等费、娶嫁衣服首饰，皆各自备办。公中遇娶妇者，只备水礼、聘金；嫁女者，嫁妆全副。尔等量入为出，各自勉力，或更赢余，亦未可定。尔八

婶母系孀居，公中每年给钱五十串，令其穿着，可训子孙也。尔等果能义气不衰，自然家道昌隆；若戾气不解，必有殃随。总不要信妻子之言，即结为死怨，将一本之爱，遽视为市井交易之人，是所切诫焉。嗟乎！男子之刚肠，能不为妇人所惑者有几人耶？再尔等有能料理生意者，每年薪金一百两。长使者拨入伊账。不遵家规即为不孝，戒之勉之。能不负先祖一场苦心，乃可为承先启后之人也。

著名书法家姚奠中先生题词

我们该如何看待这份家训呢？这其实是一份自相矛盾的说教。不难看出，柳茂源的这份内心独白与柳逢春、柳春芳之前的规训依然是如出一辙的。只不过与其祖先相比，他们未能预料到家族规模和产业发展到一定程度之后，必然会面临分门别户的结局。柳家的生意人不相信这个道理，非要用他们的道德说教去挑战人性，其结果必然是挑战失败。柳氏分家的事实也在提醒我们，宗族的意义究竟在哪里？在我看来，宗族的意义应该是柳家唯一的读书人柳遇春所设定的那样，是为了尊祖敬宗，报本追源，是为了明世系、序昭穆、知礼仪，宗族并不是为了某种功利性的目的而存在的，而是一种文化意义上的理想和追求。因此，当嘉庆道光以来，柳氏商业开始出现滑坡，经营不善的时候，柳氏祖先所立下的"不能分家"的规训就变得毫无约束力了。

到了光绪年间，柳氏族产流失愈发严重。受光绪初年大饥荒的影响，柳氏子孙皆不能谋其生、保其身，柳氏家族的"东川田地大半典搁"，祠堂祭祀虽未停止，但已经"较前甚差矣。斯种状态大约二十余年矣。"（民国二十年《继志堂庄田山场兼补修工程碑记》）时代进入民国，柳氏族人为了改变长期无人料理宗族祭奠事务的状况，遂由在沁水县里高小教过书的三位读书人出面，将处理宗族事务的墓盗会"提倡恢复，整理会事"，"又将祭奠所用家俱什物笾、豆、磬、罄置其充足"，并对剩余的族产加以清点。然此时工作的重点早已不再是"分不分家"的问题，而是要恢复祖先的祭奠问题。于是，便重新回到了柳遇春所设计的宗族理想轨道上来。我们欣喜地看到，读书人的宗族理想最终战胜了生意人的功利追求。在这种意义上，我们不能说柳氏宗族就彻底衰败了，我们只能说柳氏生意人所提倡的那种宗族理想在实践中彻底失败了。柳氏宗族的个案实践，为我们生动阐释了"宗族"概念本身及其文化意义。

时至今日，伴随着"柳氏民居"的开发，柳氏宗族似乎又迎来了一次新生。然而，柳氏新建的祠堂并非柳氏族人所建，而是由柳氏民居开发有限公司出资重建。柳氏家谱虽然也得到了重修，但是主持重修的并不是柳氏族人，而是一个柳氏族外，与柳氏宗族既不沾亲又不带故的外姓人。柳氏族人在这个过程中，本来应当是充当主角的，却变成了配角。柳氏祠堂的重建和族谱的重修，已经失去了宗族本来所具有的意义和功能。因此，人们也许需要换一种眼光，来重新审视宗族在当下时代环境和背景下的实践及其意义。

主要参考文献

一、方志类

阳城县乡土志·阳城县金石志.标点校注合订本.

［清］朱章纂修，马甫平点校.泽州府志.太原：山西古籍出版社，2001.

刘伯伦主编.阳城县志.北京：海潮出版社，1994.

田文高主编.沁水县志.太原：山西人民出版社，1987.

［民国］孙奂仑纂.洪洞县水利志补.太原：山西人民出版社，1992.

二、碑刻类

贾志军主编.沁水碑刻蒐编.太原：山西人民出版社.

王小圣，卢家俭主编.古村郭峪碑文集.北京：中华书局，2005.

卫伟林.三晋石刻大全·晋城市阳城县卷.太原：三晋出版社，2012.

车国梁.三晋石刻大全·晋城市沁水县卷.太原：三晋出版社，2012.

三、家谱类

白巷里李氏家谱.

陈廷敬.黄城陈氏家谱.清康熙时期.

王化纂修. 上庄王氏家谱. 明嘉靖时期.

杨兰第修. 下庄杨氏家谱, 1938.

王良主修. 河东柳氏西文兴环山居家谱. 2002.

四、论著类

杜正贞. 村社传统与明清士绅——山西泽州乡土社会的制度变迁. 上海：上海辞书出版社，2007.

秦海轩主编. 晋城传说逸事. 太原：北岳文艺出版社，2008.

靳虎松主编. 晋商史料全览·晋城卷. 太原：山西人民出版社，2006.

刘伯伦. 陈廷敬. 2005.

刘伯伦. 进行姓氏和家谱调查的做法和收获. 中国地方志. 1989（1）.

刘伯伦. 山西阳城县家谱调查之收获. 谱牒学研究（第二辑）. 北京：文化艺术出版社，1991.

楼庆西. 西文兴村. 石家庄：河北教育出版社，2003.

田同旭主编. 沁水县志三种. 太原：山西人民出版社，2009.

田同旭，马艳. 沁水史话纵横. 太原：山西人民出版社，2005.

田同旭主编. 沁水历代文存. 太原：山西人民出版社，2005.

田澍中主编. 润城古代诗文选编. 太原：山西人民出版社，2002.

田澍中. 润城雄风. 太原：山西高校联合出版社，1994.

田澍中、贾承建. 明月清风：沁河流域明清时代人文景观·润城卷. 太原：山西古籍出版社，2007.

田澍中，贾承健. 梦回沁水. 太原：山西人民出版社，2012.

薛林平等. 上庄古村. 北京：中国建筑工业出版社，2009.

薛林平等. 窦庄古村. 北京：中国建筑工业出版社，2009.

薛林平等. 润城古镇. 北京：中国建筑工业出版社，2011.

薛林平等. 湘峪古村. 北京：中国建筑工业出版社，2014.

张桂春主编.沁水商贾史料.太原：北岳文艺出版社，2013.

五、内部出版物

樊书堂，张桂林.皇城相府诠析.皇城相府历史文化丛书编辑委员会，2013.
樊书堂主编.皇城石刻精选.皇城景区历史文化研究中心，2000.
栗守田编注.皇城石刻文编.皇城历史文化丛书编辑委员会，1998.
张星社主编.阳城文史资料选编（上下卷），政协阳城县委员会，2012.

后 记

　　书稿终于如期完成了。写到这里的时候，内心满是喜悦和释然，一身轻松。从2014年夏季开始到现在，前后有一年半的时间里，围绕着"沁河风韵学术工作坊"，我们做了大量的文献、田野、报告和讨论工作。能够借助于山西大学"三晋文化传承与保护协同创新中心"这么一个平台，为自己家乡沁河流域的历史文化尽一份责，出一份力，表达一份心意，是多么难能可贵的机会。我曾经在业师行龙教授命我为本项目所有同人所做的"濩泽河畔——阳城古村落历史文化漫谈"报告中，以台湾学者于20世纪70年代在台湾的母亲河浊水溪大肚溪从事的多学科协同研究计划为参照，阐发我们这么一个囊括山西大学文理十余个学科在内的多学科协同研究项目所具有的创新性和重要意义。现在，我终于以这样的方式交上了自己的一份答卷。错讹之处在所难免，尚祈方家不吝批评指教。

　　在这篇后记里，我还想将自己一些言犹未尽的话讲出来，以鞭策自己今后做出更好、更深入的研究。本书共涉及沁河流域沁水、阳城共9个姓氏13个家族，但受篇幅、资料和写作时间所限，未能将最初设计的润城张氏、屯城张氏、窦庄张氏，阳城县城的田氏、白氏、卫氏，沁水端氏贾氏、湘峪孙氏以及明清时代的商人家族，如郭峪巨商王重新及其家族、南安阳潘氏家族、洪上范氏家族等囊括进来，留下了不少缺憾。好在已经写作完成的这些家族已经具有高度的代表性了，如王国光、陈廷敬家族就是沁河流域科举做官文化的典型代表；下庄杨氏家族就是沁河流域诗书传家的典型代表，中庄李氏、西文兴柳氏等则是经商与科举完美结合在一起的突出代表。对于本书中未能涉及的家族，相信今后一定会有机会再做更为全面的探讨。

　　最后我还想发自肺腑地说一些感谢的话。首先非常感谢行龙教授给我们创造了这一次多学科协同调查研究的机会，在这个教授、博士云集的团队里，我们无论是在调查、走访还是研讨、交流中，均受益匪浅，实践证明，这是一条很有生命力的学术创新和服务社会的方式。其次要感谢参加沁河风韵学术工作坊的各位教授和青年才俊的大力支持。作为推进本项目的日常联络人，在一年半的时间里一直不时催促、督促大家注意研究进度，不少老师深感"压力山大"。感谢你们的容忍与配合。再次，还要特别向支持本项工作的地方同志表示由衷谢意，他们是阳城县志办公室主任王家胜、沁河文化研究会副会长王扎根、晋城市文联副主席谢红俭、田澍中等先生。同时，也要向晋城市、阳城县、沁水县各级支持本研究工作的各位领导同志表示衷心感谢。没有他们的支持，我们在沁河流域的调查研究工作是不可能顺利开展下去的。最后，还要向山西人民出版社两位编辑王新斐、张慧兵为编辑出版本套丛书付出的辛苦努力表示由衷的谢意！

丙申春张俊峰记于龙城山西大学堂